*A MORTE BRANCA
DO FEITICEIRO NEGRO*

RENATO ORTIZ

A MORTE BRANCA
DO FEITICEIRO NEGRO

UMBANDA E SOCIEDADE BRASILEIRA

editora brasiliense

copyright © by Renato Ortiz, 1988
Nenhuma parte desta publicação pode ser gravada,
armazenada em sistemas eletrônicos, fotocopiada,
reproduzida por meios mecânicos ou outros quaisquer
sem autorização prévia do editor.

2ª edição, 1991
2ª reimpressão, 2011

Preparação de originais: Irene Hikishi
Revisão: M. G. Luiz, Eduardo Keppler, Iraci M. Kishi
Capa: Rodrigo Andrade

Dados Internacionais de Catalogação na Publicação (CIP)
(Câmara Brasileira do Livro, SP, Brasil)

Ortiz, Renato, 1947-
A morte branca do feiticeiro negro : umbanda e
sociedade brasileira / Renato Ortiz. - - São Paulo : Brasiliense, 1999.

ISBN 85-11-07032-X

1. Brasil - Religião. 2. Negros - Brasil - Religião 3. Religião
e sociologia - Brasil 4. Umbanda (Culto) 5. Umbanda (Culto) -
História I. Título. II. Título: Umbanda e sociedade brasileira.

99-3279 CDD 306.60981

Índices para catálogo sistemático:
1. Brasil : Umbanda : Religião e cultura : Sociologia   306.60981

editora e livraria brasiliense
Rua Antonio de Barros, 1720 - Tatuapé
CEP: 03401-001 - São Paulo - SP
e-mail: contato@editorabrasiliense.com.br
www.editorabrasiliense.com.br

a Roger Bastide

brazil

O Zé Pereira chegou de caravela
E perguntou pro guarani da mata virgem
— Sois cristão?
— Não. Sou bravo, sou forte, sou filho da Morte Teterê tetê
Quizá, Quizá, Quecê!

Lá longe a onça resmungava Uu! ua! uu!
O negro zonzo saído da fornalha
Tomou a palavra e respondeu
— Sim, pela graça de Deus
Canhem Babá Canhem Babá Cum Cum

E fizeram o Carnaval

(Primeiro Caderno do Aluno de Poesia Oswald de Andrade)

Prefácio
A Nova Edição

Não é simples republicar um estudo escrito há mais de quinze anos. Minha primeira tentação foi revê-lo inteiramente, mas isto, além de trabalhoso, significaria de alguma forma mutilar algo que realizei com tanto zelo. Não seria melhor aceitar a idéia de que nossos textos são sempre datados? Quando comecei a escrever a *Morte Branca do Feiticeiro Negro,* tive dificuldade grande em encontrar uma bibliografia "recente" sobre o mundo negro no Brasil. Apesar dos escritos já clássicos de Roger Bastide, Gilberto Freyre, Florestan Fernandes, Octavio Ianni, Fernando Henrique Cardoso, parecia-me terem os historiadores deixado à sombra justamente os temas que mais me interessavam: as manifestações culturais. Hoje, a bibliografia historiográfica sobre escravidão, produzida principalmente a partir de meados dos anos 70, é imensa. Infelizmente não pude me beneficiar desse conhecimento acumulado. Poderia dizer algo semelhante em relação aos estudos mais recentes sobre as religiões de origem afro. Eles trazem informações que enriquecem nosso entendimento, mas seria impossível integrá-los sem reformular integralmente o texto. Por isso resolvi introduzir no final desta edição um pequeno anexo bibliográfico sobre Umbanda e cultos afro-brasileiros, que atualiza a produção das Ciências Sociais para o período de 1979-1990.

Agradeço ao professor Lísias Negrão, da Universidade de São Paulo, pelo auxílio na elaboração dessa lista, contudo, vejo-me na obrigação de assumir a responsabilidade pelas lacunas que possam existir. Não foi minha intenção fazer um levantamento exaustivo sobre o tema, mas simplesmente fornecer ao leitor uma idéia dos trabalhos realizados até o momento.

Uma última palavra. No final da década de 70, começa a se esboçar no Brasil um fenômeno de "reafricanização" de diversas manifestações culturais. É o caso da revalorização do candomblé e do surgimento dos blocos afros em Salvador. Essa reinterpretação dos valores tradicionais acompanha a emergência dos movimentos negros que denunciam o racismo na sociedade brasileira, estendendo uma consciência negra junto a diversas manifestações culturais. É interessante lembrar que não foi para a Umbanda que esse esforço de valorização se dirigiu. A religião umbandista, ao se definir como nacional, de alguma maneira infligiu uma morte branca a seu passado negro. Essa nova consciência, cultural e política, teve que buscar outros espaços para se manifestar. Nesse sentido, a tese central deste livro permanece atual. Como uma religião brasileira, a Umbanda foi obrigada a integrar sua cosmologia às contradições de uma sociedade de classe, que assina ao negro uma posição subalterna dentro de um mundo de dominância branca.

Renato Ortiz

São Paulo, 14 de setembro de 1990

Sumário

INTRODUÇÃO 11

I. QUADRO SÓCIO-HISTÓRICO

A Metamorfose da Memória Coletiva Africana 21
Origens da Religião 31
Religião e Sociedade Brasileira 51

II. A RELIGIÃO

O Cosmo Religioso 69
A Prática Umbandista 93

III. INTEGRAÇÃO E LEGITIMAÇÃO SOCIAL

A Continuidade Descontínua do Sagrado Umbandista ... 113
Exu, o Anjo Decaído 125
Em Busca da Legitimidade 151
O Discurso Umbandista 163
Sistematização e Institucionalização da Religião 181
Da Inaceitação à Aceitação Social da Religião 195

CONCLUSÃO 211

BIBLIOGRAFIA 217

BIBLIOGRAFIA SOBRE UMBANDA (1979-1990) 225

BIBLIOGRAFIA SOBRE CULTOS AFRO-BRASILEIROS
(1979-1990) 227

Introdução

Este estudo é a tradução remanejada de nossa tese de doutoramento, defendida em Paris — 1975. Ele é o resultado de uma pesquisa que se iniciou em outubro de 1972, sob a orientação do Professor Roger Bastide, tendo sido elaborado em duas etapas: um trabalho teórico, desenvolvido no quadro de seminários da École Pratique des Hautes Études, e um trabalho de campo, realizado no Brasil, durante aproximadamente um ano, nas cidades e adjacências de São Paulo e Rio de Janeiro. A escolha destes dois grandes centros urbanos foi deliberada; o Rio porque é o lugar histórico do nascimento da religião umbandista; São Paulo por ser a região onde o movimento religioso se desenvolve hoje mais intensamente. Aí, a tendência à organização e à burocratização do culto se apresenta de forma bastante clara e já bem avançada. Por outro lado, estas duas regiões têm um valor capital: elas representam o pólo mais urbanizado e industrializado do país. Ora, os estudos de Roger Bastide e Cândido Procópio já mostravam uma certa tendência da Umbanda se desenvolver nas zonas "modernizadas" do Brasil. Considerando-se que o processo de urbanização e indus-

---

1. Roger Bastide, cap. VI: "Nascimento de uma Religião", in *As Religiões Africanas no Brasil,* São Paulo, EDUSP, 1971, e Cândido Procópio de Camargo, *Kardecismo e Umbanda,* São Paulo, Pioneira, 1961.

RENATO ORTIZ

trialização se estende às diversas regiões do país, é interessante, pois, conhecer como a religião umbandista se desenvolve nestas duas grandes metrópoles brasileiras.

Problemática

O objetivo de nosso trabalho é mostrar como se efetua a integração e a legitimação da religião umbandista no seio da sociedade brasileira. Falar entretanto da integração social da Umbanda é abordar um problema mais genérico, o da mudança cultural. Por isso, é interessante analisar as diferentes perspectivas em que foi tratada esta questão pela literatura científica antropológica.

O fenômeno dos contatos culturais, conhecido pelos franceses sob a denominação de interpenetração das civilizações, foi sistematicamente estudado pela escola culturalista americana, que descreve a mudança cultural através do conceito de aculturação. O Memorando de Linton, Redfield e Herskovits define aculturação como "um conjunto de fenômenos que resulta do contato direto e contínuo entre grupos de culturas diferentes, o que acarreta mudanças subseqüentes nos tipos culturais de cada grupo".[2] Esta definição foi remanejada pelos autores alguns anos depois; levou-se em consideração o fato de não ser necessário um "contato direto e contínuo" para se realizar processo aculturativo; ele ocorre também por meio de contatos intermitentes e mesmo sem a presença física de um grupo diante do outro, por exemplo, a ação dos meios de comunicação de massa.[3] Entretanto, a idéia central da definição continuou inalterada, valoriza-se a noção de cultura em detrimento da de sociedade. O Memorando de 1954 da escola culturalista reforça a posição relativa à autonomia da cultura em face da sociedade. Siegel e outros, realizando um inventário sobre o estudo da aculturação, a definem como "uma mudança cultural produzida pela conjunção de dois ou mais sistemas cul-

---

2. Linton, Redfield e Herskovits, "A Memorandum for study of acculturation", in *American Anthropology,* 1936, vol. XXXVIII, pp. 149-152.
3. Herskovits, *Man and His Works,* São Paulo, Mestre Jou, 1969, t. II, p. 342.

INTRODUÇÃO   13

turais autônomos".[4] Desta forma, a idéia de autonomia da cultura, que caracteriza a escola culturalista, aparece explicitamente na definição do fenômeno dos contatos culturais. O que interessa ao antropólogo culturalista é o processo de mudança que ocorre quando uma cultura A é posta em contato com uma cultura B, sendo as duas consideradas como autônomas e auto-suficientes. Arthur Ramos, representante desta escola no Brasil, desenvolveu um esquema segundo o qual o processo de aculturação deveria ser estudado. Conformando-se as linhas gerais traçadas pelo Memorando de 1936, ele divide o estudo dos contatos culturais em seis etapas.[5] a) a comunidade de origem; b) o contato cultural; c) a análise da aculturação; d) o papel do indivíduo no contato cultural; e) os resultados da aculturação; f) a comunidade atual. Arthur Ramos considera portanto um "ponto zero" antes do contato, para chegar, através de uma análise tipológica, à comunidade atual.

Antes de passarmos às críticas das idéias culturalistas, gostaríamos de sublinhar algumas contribuições desta escola. É inegável que a abordagem dos antropólogos americanos coloca em evidência uma série de constantes características do processo de mudança cultural. Os resultados da aculturação, assimilação, sincretismo, reação, são na realidade fenômenos de cunho cultural. Entretanto, como nota Roger Bastide, "estes fatos incontestáveis dependem em última instância das *situações* nas quais o contato se efetua; com esta nova variável, as situações sociológicas de contato, a sociologia vai romper com o círculo encantado do culturalismo".[6] A idéia de situação, desenvolvida por Georges Balandier, recoloca o problema da mudança cultural em novos termos. Este sociólogo vai criticar a perspectiva antropológica que só faz enumerar e classificar os fatos unilateralmente, isto é, sob a ótica exclusiva da tradição.[7] Estudando as soci-

---

4. Siegel, Vogt, Watson, Broom, "Acculturation: An Exploratory Formulation", in *American Anthropologist.* v. 56, n. 6, 1954.

5. Arthur Ramos, *A Aculturação Negra no Brasil,* São Paulo, Nacional, 1942, pp. 39-41.

6. Roger Bastide, "Acculturation", in *Encyclopaedia Universalis,* Paris, 1968, p. 104.

7. Georges Balandier, *Sociologie Acíuelle de l'Afrique Noire,* Paris, PUF, 1971.

14 RENATO ORTIZ

edades africanas, o autor critica a abordagem de Malinowski, para quem a "noção de situação de contato parece ter um valor operatório medíocre: falta-lhe justamente a referência à sociedade global que é a colônia".[8] Com efeito, esta mesma idéia de situação de contato encontra-se em Herskovits, Siegel e Arthur Ramos, mas ela se reduz, para Malinowski, a uma das múltiplas variáveis, entre tantas outras. Balandier retoma a noção de situação para transformá-la; ele a considera, segundo uma idéia de Marcel Mauss, como uma totalidade.[9] No caso da África negra, sociedade branca e sociedade negra participam de um mesmo conjunto; os contatos culturais e seus efeitos só podem ser compreendidos quando referidos a este conjunto, isto é, às totalidades sociais que os enquadram, os orientam e os unificam. O fenômeno da aculturação deve portanto ser analisado como parte integrante da sociedade global, e não, como o propunha Arthur Ramos, a partir de um "ponto zero" da comunidade de origem em direção à comunidade atual. A crítica de Balandier é de grande importância: por um lado, ela *situa* o contato cultural, por outro, evita o erro da escola culturalista, que considera a cultura como um sistema autônomo. Recusando separar o que se encontra unido, o autor aborda a mudança cultural em termos de "fenômeno social total".

No caso da Umbanda, a problemática da situação reaparece; a religião será portanto considerada na sua relação com um conjunto mais amplo, que é a sociedade global. Estudaremos assim como se realiza a integração do mundo religioso afro-brasileiro na moderna sociedade nacional. Desta forma poderemos esclarecer como os valores afro-brasileiros se transformam para compor uma nova religião: a Umbanda. Neste processo de química religiosa reencontraremos os mecanismos que caracterizam o fenômeno da aculturação: reinterpretação, adaptação, fusão. Entretanto, considerando que o social e o cultural são indissolúveis, devemos estudar os fenômenos da mudança

---

8. Georges Balandier, *ibid.,* p. 24. A posição de Malinowski encontra-se em *Les Dynamiques de l'Evolution Culturelle,* Paris, Payot, 1970.
9. Sobre a noção de totalidade, particularmente sobre "fenômeno social total", ver Marcel Mauss, "Essais sur le Don", in *Sociologie et Anthropologie.* Paris, PUF, 1968, e Georges Gurvitch, *La Vocation Actuelle de la Sociologie,* Paris, PUF, 1968.

INTRODUÇÃO 15

cultural, segundo os "quadros sociais da aculturação".[10] Para isso devemos situar o processo de mudança cultural no quadro da transformação da sociedade global. Constataremos assim que o nascimento da religião umbandista coincide justamente com a consolidação de uma sociedade urbano-industrial e de classes. A um movimento de transformação social corresponde um movimento de mudança cultural, isto é, as crenças e práticas afrobrasileiras se modificam tomando um novo significado dentro do conjunto da sociedade global brasileira. Nesta dialética entre social e cultural, observaremos que o social desempenha um papel determinante. Se existe uma autonomia relativa dos fenômenos de aculturação, ficará claro que, no caso da Umbanda, as transformações se fazem dentro da mesma pertinência: a da sociedade moderna. A sociedade global aparece então como modelo de valores, e modelo da própria estrutura religiosa umbandista. Isto faz com que as transformações do mundo simbólico afrobrasileiro se realizem sempre em conformidade com os valores legítimos da sociedade global. Valores como a moral católica (noção de bem e de mal), a racionalização, a escrita, se integram a um outro tipo de moral e racionalidade, características estas dos cultos afro-brasileiros. Da idéia da integração passaremos em seguida à noção de legitimação. Constataremos que a religião umbandista se legitima na medida em que ela integra os valores propostos pela sociedade global. Gradativamente, passa-se da recusa inicial oposta pela sociedade à aceitação social da religião. A legitimação é sensível no que diz respeito ao mercado religioso onde a Umbanda, considerada num passado recente como heresia, torna-se, pouco a pouco, um sistema religioso aceito pelas outras profissões de fé. A partir de um ramo da macumba, prática negra e ilegítima, assiste-se à emergência e ao reconhecimento social de uma nova religião que se desenvolve hoje através de toda a nação brasileira.

---

10. Terminologia proposta por Roger Bastido, "Acculturation", *op. cit.,* p. 105.

16 RENATO ORTIZ

A Síntese Umbandista

Visto que nossa tese coloca o problema da integração da religião umbandista na sociedade brasileira, pareceu-nos interessante comparar a Umbanda com as práticas do candomblé. Esta comparação permite ressaltar as diferenças entre duas modalidades religiosas, que, embora tenham raízes comuns, encontram-se hoje em oposição. Com efeito, pode-se opor Umbanda e candomblé como se fossem dois pólos: um representando o Brasil, o outro a África. A Umbanda corresponde à integração das práticas afro-brasileiras na moderna sociedade brasileira; o candomblé significaria justamente o contrário, isto é, a conservação da memória coletiva africana no solo brasileiro. É claro que não devemos conceber o candomblé em termos de pureza africana; na realidade ele é um produto afro-brasileiro resultante do *bricolage*[11] desta memória coletiva, sobre a matéria nacional brasileira que a história ofereceu aos negros escravos. Entretanto, pode-se afirmar que para o candomblé a África continua sendo a fonte privilegiada do sagrado, o culto dos deuses negros se opondo a uma sociedade brasileira branca ou embranquecida. Desta forma uma ruptura se inscreve entre a Umbanda e candomblé: para a primeira, a África deixa de se constituir em fonte de inspiração sagrada; o que é afro-brasileiro torna-se brasileiro. É necessário porém entender o que queremos dizer com ruptura; não se trata de significar com esta palavra a ausência do que é negro no seio da Umbanda, pelo contrário, insistiremos em todo o nosso trabalho na importância da contribuição africana para a formação da religião umbandista. O que nos parece importante é sublinhar que para o candomblé a África conota a idéia de terra-Mãe, significando o retorno nostálgico a um passado negro. Sob este ponto de vista a Umbanda difere radicalmente dos cultos afro-brasileiros; ela tem consciência de sua brasilidade, ela *se quer* brasileira. A Umbanda aparece desta forma como uma religião nacional que se opõe às religiões de importação: protestantismo, catolicismo e

---

11. O termo *bricolage* é aqui utilizado no mesmo sentido de Lévi-Strauss. Ele foi retomado por Roger Bastide em "Mémoire Collective et Sociologie du Bricolage", in L´*Année Sociologique*, v. 21, 1970, pp. 65-108.

INTRODUÇÃO 17

kardecismo. Não nos encontramos mais na presença de um sincretismo afro-brasileiro, mas diante de uma síntese brasileira, de uma religião endógena.[12] Neste sentido divergimos da análise feita por Roger Bastide em seu livro *As Religiões Africanas no Brasil,* onde ele considera a Umbanda como uma religião negra, resultante da integração do homem de cor na sociedade brasileira. É necessário porém assinalar que o pensamento de Roger Bastide havia consideravelmente evoluído nestes últimos anos. Já em 1972 ele insiste sobre o caráter nacional da Umbanda, comparando-a a outras experiências religiosas que tentaram, à sua maneira, formar um catolicismo brasileiro: Revolta dos Alfaiates, movimentos messiânicos. Igreja Católica Brasileira.[13] Entretanto, depois de sua última viagem ao Brasil, seu julgamento torna-se mais claro; opondo Umbanda, macumba e candomblé, ele dirá: "o candomblé e a macumba são considerados e se consideram como religiões africanas. Já o espiritismo de Umbanda se considera uma religião nacional do Brasil. A grande maioria dos chefes das tendas são mulatos ou brancos de classe média, tendo portanto uma cultura branca e uma mentalidade mais luso-brasileira do que afro-brasileira. Eles leram desde os textos esotéricos de Annie Besant, espíritas, de Allan Kardec, até os livros de antropólogos e africanistas. Isto vai lhes permitir passar de um sincretismo espontâneo a um sincretismo refletido, e tentar uma síntese coerente das diversas religiões que se afrontam no Brasil".[14] O caráter de síntese e de brasilidade da Umbanda é desta forma confirmado e reforçado.

12. Sobre a brasilidade da Umbanda, ver Renato Ortiz, "Du Syncrétisme à la Synthèse: Umbanda une religion brésilienne", in *Archives des Sciences Sociales des Religions,* n. 40, 1975, pp. 89-97.
13. Roger Bastide, "L'Umbanda en Revision", in *Archives des Sciences Sociales des Religions,* n. 49, 1975.
14. R. Bastide, "La Rencontre des Dieux Africains et des Esprits Indiens", in *Archives,* n. 49, 1975.

I. QUADRO SÓCIO-HISTÓRICO

A Metamorfose da Memória Coletiva Africana

Preliminares

Este capítulo nada mais é do que uma introdução histórica; ele pretende situar a religião umbandista no contexto da história brasileira. Para tanto, retomaremos a noção de memória coletiva de Halbwachs, e através dela abordaremos o problema da sobrevivência e da metamorfose das crenças e costumes africanos.[1] Não se trata porém de retraçar a totalidade da história do negro no Brasil, mas simplesmente de definir as condições que permitiram a conservação e transformação da memória coletiva negra. Nossa exposição tem portanto um valor introdutório.

Visto que para a compreensão da religião umbandista as transformações sócio-econômicas ocorridas no século XIX são particularmente importantes, deixaremos de lado o período histórico relativo à época colonial. Entretanto dois pontos devem ser considerados no que diz respeito ao período da Colônia. Apesar dos efeitos destrutivos que o tráfico e o sistema escravista imprimiram nos costumes africanos, a memória coletiva negra conseguiu encarnar-se no solo brasileiro.[2] Preserva-se desta for-

---

1. Maurice Halbwachs, *La Mémoire Collective*, Paris, PUF, 1968.
2. Ver Roger Bastide, *As Religiões Africanas...*, e Gilberto Freyre, *Casa Grande e Senzala*, Rio de Janeiro, José Olympio, 1958.

22 RENATO ORTIZ

ma o culto de grande parte dos deuses africanos, ao mesmo
tempo em que se reinterpretam determinadas práticas e costumes através de danças como o lundu, ou das embaixadas dos reis
congos.[3] Pouco a pouco a herança africana se transforma assim
em elementos culturais afro-brasileiros. Por outro lado deve-se
levar em conta que a memória coletiva negra se distribui de forma desigual segundo as regiões; ela se confina às divisões étnicas das tribos africanas. Os cultos religiosos vão então se limitar
às nações sendo que estas podem ser agrupadas em três tipos
gerais de cultura: sudanesa, islâmica e banto.[4]

Do Afro-brasileiro ao Negro Brasileiro

O século XIX foi um período de profundas mudanças para
a sociedade brasileira. Com a declaração da independência em
1822, as contradições engendradas pelo regime escravocrata tornam-se cada vez mais agudas. Caio Prado Júnior assinala que o
processo, difícil e complicado da emancipação política do Brasil,
coloca em evidência todas as contradições do regime anterior;
ela polariza as forças sociais e políticas em gestação, iniciando o
confronto entre os diferentes grupos e classes nos quais se divide a sociedade colonial.[5] Ainda que o negro jamais participe deste
novo jogo político, as decisões tomadas lhe concernem diretamente. As contradições entre a sociedade escravocrata e a organização política da nação brasileira manifestam-se nitidamente
através do pensamento de José Bonifácio de Andrada e Silva: "É
tempo de irmos acabando gradualmente até os últimos vestígios
da escravidão entre nós, para que venhamos a formar em poucas
gerações uma nação homogênea, sem o que nunca seremos ver-

3. Ver Câmara Cascudo, *Antologia do Folclore Brasileiro,* São Paulo,
Martins, 1971, e Melo Morais Filho, *Festas e Tradições Populares no
Brasil,* Rio de Janeiro, Ouro, s.d.p.
4. Sobre as nações africanas ver Arthur Ramos, *Introdução à Antropologia
Brasileira,* Rio de Janeiro, Ed. CEB, v. III, s.d.p., e Nina Rodrigues, *Os
Africanos no Brasil,* São Paulo, Cia. Ed. Nacional, 1932.
5. Caio Prado Jr., *História Econômica do Brasil,* São Paulo, Brasiliense,
1970, p. 142.

QUADRO SÓCIO-HISTÓRICO

dadeiramente livres, respeitáveis e felizes. É da maior necessidade ir acabando com tanta heterogeneidade física e civil; cuidemos, pois, desde já, em combinar sabiamente tantos elementos discordes e contrários, em amalgamar tantos metais diversos para que saia um todo homogêneo e compacto, que se não esfarele ao pequeno toque de qualquer nova convulsão política".[6]

Entretanto, a crise do regime escravocrata se mantém durante todo o Império, para somente chegar a um desenlace em 1888 com a Abolição, e a queda, um ano mais tarde, deste mesmo Império. O sistema estava, com efeito, minado em suas próprias bases pela emergência de uma nova estrutura sócio-econômica capitalista que fundamentava a produção no trabalho livre. Couty, viajante avisado, analisando o custo da produção escravista, mostra que o escravo se torna oneroso e que ele aumenta o custo da produção. O senhor, retendo-o nos serviços acessórios da casa grande, imobilizava uma parcela considerável de seu capital. A abolição terá, por conseguinte, uma influência importante no plano econômico; liberando uma massa de capital que se encontrava imobilizada na pessoa do escravo, a sociedade passa a dispor deste capital para investi-lo na indústria nascente.[7]

Além dos fatores econômicos, outros ainda, de caráter legal, precipitaram a crise do sistema escravocrata. A proibição do tráfico em 1850, a Lei Rio Branco em 1871, que concedia a liberdade aos filhos de escravos nascidos a partir dessa data, a Lei Dantas, que libertava os escravos de mais de 60 anos, são medidas que constituem passos decisivos em direção à Abolição. Em 1872, numa população de 9.930.478 habitantes, 1.510.000 eram escravos, isto é, 15,2% da comunidade brasileira.[8] A Abolição nada mais foi portanto do que o reconhecimento legal de uma realidade social.

O século XIX foi também um século de mestiçagem: o quadro seguinte mostra a importância deste fenômeno:[9]

---

6. Caio Prado Jr., *ibid.,* 144.
7. Celso Furtado, *Formação Econômica do Brasil,* São Paulo, Cia. Ed. Nacional, 1969.
8. Taunnay, *História do Café,* São Paulo, Ed. Nacional do Café, v. 7, p. 445.
9. Roger Bastide, *As Religiões Africanas...,* p. 107.

24 RENATO ORTIZ

		COR	
Ano	Brancos	Mestiços	Negros
1835	845.000	648.000	1.987.000
	(24,4%)	(18,2%)	(51,4%)
1872	3.818.403	3.833.015	2.970.509
	(38,1%)	(38,4%)	(16,5%)
1890	6.302.198	4.638.495	2.097.426
	(44%)	(32%)	(12%)

Ao longo desse processo de mestiçagem, modifica-se a posição do negro em relação ao mulato. O século da ascensão do mestiço e do bacharel é também o século do embranquecimento do mulato, que, preso entre duas correntes contraditórias, deve "embranquecer a alma", a fim de ascender individualmente na hierarquia social. A ideologia do embranquecimento penetra pois a camada mulata dos intelectuais. Podem-se encontrar, na arte desenvolvida pela comunidade mestiça, os traços deste tipo de ideologia. O poeta, por exemplo, cantará em seus versos a pureza e a nostalgia da cor branca:

"Oh formas alvas, brancas, formas claras
Da lua, da neve, das nuvens!..."[10]

O bacharel é pois o protagonista do movimento de ascensão social do mulato; assim, seu interesse pelas crenças africanas, quando existe, vai menos no sentido de conservá-las do que de desafricanizá-las. "São estes mulatos, em parte desafricanizados no seu estilo de vida, que adulteraram profundamente os cultos, neles introduzindo suas próprias concepções estéticas, como Joãozinho da Goméa, ou sua meio-etnia européia, como os fundadores do espiritismo de Umbanda."[11]

A imigração, que existia desde meados do século XIX, mas que se acentua nos fins deste século, foi outro fator importante de desagregação do sistema escravocrata. As transformações sócio-

10. R. Bastide, "A Poesia Afro-Brasileira", in *Estudos Afro-Brasileiros,* São Paulo. Perspectiva, 1973, p. 65. Sobre a ideologia do embranquecimento, ver Thomas Skidmore, *Preto no Branco,* Rio de Janeiro, Paz e Terra, 1976.
11. R. Bastide, *As Religiões Africanas...,* p. 112.

QUADRO SÓCIO-HISTÓRICO

econômicas que indicavam a passagem de uma estrutura escravista para um sistema capitalista traziam problemas de mão-de-obra, e a alternativa foi o estímulo das correntes migratórias européias.[12] O pólo produtivo do país situava-se nesta época no Sudeste, São Paulo e Rio de Janeiro, onde o café constituía a principal riqueza; é pois nessa direção que se orienta o sentido da imigração. Em 1890, 107.474 estrangeiros entraram no Brasil; em 1891 seu número atinge 216.760.[13] No período de 1881 a 1890, sobre um total de 523.375 imigrantes, 221.657 (41,7%) se dirigem para São Paulo. De 1894 a 1903, de 862.110 imigrantes, São Paulo absorve 53,7%. Durante a década seguinte o número de imigrantes fixados em São Paulo atinge 55,5% sobre o total de imigração.[14] Essa corrente migratória se mantém durante o século XX, apesar de algumas interrupções devido à Primeira Guerra Mundial. É interessante notar que a linha de imigração segue a linha de urbanização e industrialização do país. São Paulo acolhe a maior parte dos imigrantes porque o processo de industrialização aí se realiza em estreita conexão com o cultivo da cultura do café. Em grande parte, é o capital proveniente da venda do café que permite o desenvolvimento da indústria na zona paulista.[15] No que nos concerne, veremos mais adiante que a linha de distribuição dos adeptos umbandistas acompanha este movimento de urbanização e industrialização.

Observando-se a composição da população brasileira, segundo a cor, tem-se uma idéia mais exata do impacto do fenômeno da imigração no seio do grupo negro:[16]

Cor	1940
Brancos	63,53%
Mestiços	21,23%
Negros	14,65%
Amarelos	0,59%

12. Celso Furtado. *Formação Econômica do Brasil,* p. 131.
13. Manoel Diégues Jr. *Imigração, Urbanização e Industrialização,* Rio de Janeiro, Ed. CBPE, 1964, p. 53.
14. Manoel Diégues Jr., *ibid.*
15. A respeito da industrialização em São Paulo e sua relação com o café, ver Richard Morse, *Formação Histórica de São Paulo,* São Paulo, Difel, 1970, e Warren Dean, *A Industrialização de São Paulo,* São Paulo, EDUSP, 1971.
16. Costa Pinto, *O Negro no Rio de Janeiro,* São Paulo, Cia. Ed. Nacional, 1952, p. 46.

26 RENATO ORTIZ

Comparando-se estes dados com o quadro relativo ao século XIX, confirma-se o embranquecimento da população brasileira. Essa tendência à diminuição da população de cor deve-se principalmente à imigração européia. Entretanto dois outros fatores a aceleram: por um lado, a taxa de mortalidade dos negros e mulatos, que é mais elevada, por outro lado, o fenômeno da mestiçagem. A composição da população segundo a cor não é no entanto uniforme em todo o país: enquanto no Sul o crescimento vegetativo dos brancos é elevado, no Nordeste ele é muito menos pronunciado. Na Bahia o número de brancos aumentou de 20 a 29% no período de 1872 a 1940; no Estado do Rio Grande do Norte o contingente branco diminuiu ligeiramente de 43,8 a 43,4% durante este mesmo período.[17] Não foi portanto um acaso, se a memória coletiva negra resistiu melhor ao impacto do mundo branco nas grandes metrópoles nordestinas que receberam um afluxo considerável de mão-de-obra escrava. Salvador e Recife são, ainda hoje, centros onde os cultos africanos sobrevivem, encontrando sua possibilidade de expressão nos candomblés e xangôs tradicionais.

Os quadros abaixo mostram a distribuição da população segundo a cor para duas grandes cidades: São Paulo e Rio de Janeiro.

São Paulo[18]

Cor	1886	1893	1940	
Brancos nacionais	24.249	44.748	467.214	(44%)
Brancos estrangeiros	12.085	70.978	473.603	(46%)
Negros	3.825	5.920	{ 87.822	(8,5%)
Mulatos	6.450	8.639	(negros + mulatos)	

Rio de Janeiro[19]

Cor	1872	1890	1940
Brancos	55,2%	62,7%	71,1%
Negros	24,1%	12,3%	11,3%
Mestiços	20,6%	24,9%	17,3%

17. Costa Pinto, *ibid.*, p. 47.
18. Florestan Fernandes, *Integração do Negro na Sociedade de Classes,* São Paulo, EDUSP, 1965, v. I, pp. 41 e 100.
19. Costa Pinto, *op. cit.,* p. 49.

QUADRO SÓCIO-HISTÓRICO

Os dados confirmam uma vez mais a superioridade numérica dos brancos em relação aos negros e mulatos, mas eles põem em evidência, ainda, a preponderância do mundo branco sobre as crenças afro-brasileiras. A desagregação do universo mítico afro-brasileiro não se reduz unicamente a uma relação quantitativa entre grupos de cores diferentes: é sobretudo a dominação simbólica do branco que acarretará o desaparecimento ou a metamorfose dos valores tradicionais negros; eles tornam-se caducos, inadequados a uma sociedade moderna.

Além das transformações indicadas, Abolição da escravatura, mestiçagem, imigração, outras mudanças ocorrem na estrutura sócio-econômica do país: a urbanização, a industrialização e a formação de uma sociedade de classes. A cidade, que durante o período colonial tinha um papel secundário em relação ao campo, torna-se gradualmente o pólo de decisão econômica e política. É pois na zona urbana que se observa a formação de uma sociedade de classes, com o nascimento de um proletariado e a consolidação das classes médias. Qual é no entanto o lugar dos negros nessa nova sociedade? Na passagem para o capitalismo de tipo competitivo o negro se vê subitamente convertido em cidadão; ele é lançado num mercado que pertence doravante ao trabalhador livre. Tendo sido entretanto submetido a uma repressão secular, ele não estava preparado para assumir as novas tarefas propostas pela sociedade. Florestan Fernandes observa justamente que a idéia de liberdade que o negro fazia se adaptava mal às necessidades do capitalismo; para ele, ser livre significava simplesmente trabalhar onde quisesse e quando lhe conviesse, enquanto que para o sistema concorrencial ser livre representava o fato de não ser mais escravo, isto é, de vender sua força de trabalho aos novos modelos de produção da sociedade.[20] A Abolição representou, desta forma, um momento de desagregação do mundo negro; os abolicionistas, uma vez terminada sua função, desinteressaram-se completamente pela sorte do antigo escravo. Entregue às engrenagens de uma sociedade em transformação, o negro vai migrar em direção às cidades, estes novos pólos econômicos da nação. Ora, é justamente na zona urbana que ele sofre a concor-

---

20. Florestan Fernandes e Roger Bastide, *Brancos e Pretos em São Paulo,* São Paulo, Cia. Ed. Nacional, 1971.

28 RENATO ORTIZ

rência aguda do imigrante, bem mais adaptado do que ele a uma economia de mercado. Por todos os lados, o negro se vê vencido pela concorrência estrangeira, como no caso do artesanato, onde ele ocupava até então uma posição privilegiada. Mesmo nos empregos mais modestos: engraxate, vendedor de jornais, entregador de peixe, ele se vê batido pelo imigrante, que não teme se desconsiderar, preenchendo essas funções. [21] A expansão da cidade destrói a herança cultural negra que se conservara durante os séculos de colonização. O negro torna-se marginal, alcoólatra, criminoso; pode-se escutar as cantigas populares que dizem:[22]

> O branco quando morre
> Foi a morte que levou
> O negro quando morre
> Foi o álcool que matou

A desorganização social se reflete inclusive no nível psíquico; Roger Bastide, analisando o suicídio das pessoas de cor, mostra que em 1894, para a cidade de São Paulo, houve 0,46 suicídios para 10.000 brancos, 1,38 suicídios para 10.000 mulatos, e 1,35 suicídios para 10.000 negros.[23] Se observarmos estes dados à luz da distribuição populacional da época, constataremos que a taxa de suicídios das pessoas de cor é extremamente elevada em relação à que afeta o grupo branco. A explicação, segundo o autor, decorre justamente do fato de o negro ter sido lançado da zona rural para as cidades, onde a competição com o estrangeiro lhe foi sempre desfavorável. Comparando este tipo de suicídio urbano com a antiga prática do suicídio contestatório durante o escravismo, o autor nos diz: "o negro na cidade via-se impelido à mendicância e à vagabundagem. Sua tendência ao suicídio não exprime porém nenhum caráter racial, pois vimos na África o pouco de importância que têm as mortes voluntárias. Ontem foi a resistência à escravatura, hoje, a crise devido à brusca liberta-

21. Florestan Fernandes e Roger Bastide, *ibid.*, pp. 21-81.
22. F. Fernandes, *Integração do Negro...*, p. 127.
23. Roger Bastide, "Os suicídios em São Paulo segundo a cor", citado por Florestan Fernandes in *Integração do Negro. ..*, p. 149. Ver também R. Bastide, "La suicide du nègre brésilien", in *Le Rêve, La Transe et la Folie*, Paris, Flammarion, 1972.

QUADRO SÓCIO-HISTÓRICO 29

ção e à transplantação do negro para a cidade, onde ele encontrou condições para as quais não esta va preparado".[24] Analisando os dados relativos ao suicídio dos mulatos o autor verifica que ele aumenta de 1,35 em 1876 a 2,41 em 1894. Ele considera este crescimento como sendo fruto da posição marginal do mulato na estrutura social; entre suas aspirações e as oportunidades que lhe oferecia a sociedade havia uma disparidade que o levava a um sentimento de frustração, o que explicaria sua tendência suicida. A desagregação se realiza pois em dois níveis: desagregação social do regime escravocrata que atinge todos os indivíduos da sociedade, e desagregação da memória coletiva negra. A um processo de transformação da sociedade corresponde um processo de transformação dos símbolos. No domínio das crenças religiosas, a macumba representa esta desagregação da memória coletiva. No Rio de Janeiro, este culto chega a se organizar em seita, muito embora o processo de sincretismo já se encontrasse em fase avançada. Em São Paulo, entretanto, o ritmo da desagregação social foi tão rápido, que as crenças cristalizaram-se em indivíduos, os feiticeiros em mágicos: a religião torna-se magia.[25] Dentro deste processo de transformação social, a macumba corresponde à marginalização do negro numa sociedade de classes em formação. Este sincretismo negro-católico-espírita é ao mesmo tempo sinal e resposta à desagregação social. Enquanto sinal ele denota a posição marginal do negro no seio da sociedade brasileira; enquanto resposta, ele é o resultado de uma melhor integração cultural no conjunto da sociedade. Um canto recolhido por João do Rio, no início do século XX, indica bem o estado deste grupo de cor que não consegue encontrar um lugar no mundo branco:[26]

> Maria Mucangué
> Lava roupa de sinhá
> Lava a camisa de chita
> Não é dela, é de yayá

24. *Ibid.*
25. Roger Bastide, "A Macumba Paulista", in *Estudos Afro-Brasileiros,* pp. 193-248.
26. João do Rio, *As Religiões no Rio,* Rio de Janeiro, Nova Aguilar, 1976, p. 29.

A macumba aparece pois como um esforço da comunidade negra e mulata para se dar um cosmo simbólico coerente diante da incoerência da sociedade. Contrariamente ao candomblé, que se divide em nações, ela quebra os laços étnicos para substituí-los por uma solidariedade de cor. O sincretismo funciona, assim, como uma forma de adaptação entre o enquistamento cultural (candomblé) e a assimilação definitiva (Umbanda).[27] No entanto este momento de desagregação social é substituído por um outro, o da consolidação da sociedade de classes; aparece assim um movimento de reinterpretação das práticas africanas, o que é afro-brasileiro torna-se negro-brasileiro, integrado numa sociedade de classes, com todas as contradições que esta carrega em seu bojo.

---

27. Roger Bastide, *As Religiões Africanas...*, p. 415.

Origens da Religião

Historiadores e sociólogos consideram o ano de 1930 data da tomada do poder por Vargas como sendo o limite entre duas fases distintas da história brasileira. Até os anos 30 observa-se a desagregação do antigo sistema; o fim de uma sociedade que baseava sua produção no trabalho agrícola; depois de 1930 temos a consolidação do movimento que se esboçava desde os fins do século XIX: a urbanização, a industrialização, a sociedade de classe tornam-se realidades sociais. É claro que 1930 é um corte que o pensamento estabelece para organizar o real mas ele representa o término de um processo sócio-econômico que se exprime no nível político, De certo modo Vargas simboliza a ruptura com um passado que trazia ainda em seu bojo características coloniais; ele representa a implantação, ou melhor, a adequação de um novo modelo político a uma nova ordem social. O pólo de produção e agora o de comando político se deslocam definitivamente para a cidade. Se até então a economia do país fora dirigida para o exterior, agora, um mercado interno se cria, e a industrialização, que se esboçava desde o início do século, torna-se, depois de 1945, uma realidade. Alguns dados quantitativos ilustram este movimento: analisando-se o crescimento da mão-de-obra no setor industrial, constata-se que em 1920 o número de trabalhadores de 278.512 passa, em 1940, a 781.185, e em 1950, a 1.256.807. Por outro lado, o número de estabelecimentos industriais passa de 40.983 a 78.434 no período de 1940

32 RENATO ORTIZ

a 1950.[1] O deslocamento do pólo de produção da zona rural para a cidade pode ser observado quando constatamos que, neste mesmo período, a mão-de-obra industrial cresce de 4,8 a 61%, enquanto que a população ativa rural diminui de 32,5% para 27%.[2] Após um momento de desagregação social, observa-se pois um movimento de agregação social, que corresponde à consolidação de uma sociedade de classes, que tende a fundamentar sua existência na produção industrial.

É interessante notar que a formação da Umbanda segue as linhas traçadas pelas mudanças sociais. Ao movimento de desagregação social corresponde um desenvolvimento larvar da religião, enquanto que ao movimento de consolidação da nova ordem social corresponde a organização da nova religião. Também para os umbandistas, os anos 30 significam uma ruptura com o passado, passado simbólico, bem entendido, o que permite a reinterpretação das antigas tradições. O nascimento da religião umbandista deve ser apreendido neste movimento de transformação global da sociedade. A Umbanda não é uma religião do tipo messiânico, que tem uma origem bem determinada na pessoa do messias, pelo contrário, ela é fruto das mudanças sociais que se efetuam numa direção determinada. Ela exprime assim, através de seu universo religioso, esse movimento de consolidação de uma sociedade urbano-industrial. A análise de sua origem deve pois se referir dialeticamente ao processo das transformações sociais que se efetuam. Não se trata portanto de reencontrar o seu foco de irradiação (onde e quando a palavra Umbanda aparece pela primeira vez, tarefa que se revela aliás inútil), mas de compreender como um movimento de desagregação das antigas tradições afro-brasileiras pode ser canalizado para formar uma nova modalidade religiosa. Em última instância, foi este fenômeno de "canalização" o responsável pela implantação e difusão da Umbanda, sem a qual os fragmentos da tradição se pulverizariam em uma multiplicidade de práticas, individualizadas na pessoa do macumbeiro. Este fenômeno de individualização deu-se aliás em São Paulo, e reproduzir-se-ia certamente em outras regiões, des-

---

1. Costa Pinto, *Sociedade e Desenvolvimento,* Rio de Janeiro, Civilização Brasileira, 1963, p. 219.
2. Costa Pinto, *ibid.*

QUADRO SÓCIO-HISTÓRICO 33

de que a sociedade urbano-industrial aí se instalasse. A síntese umbandista pôde assim conservar parte das tradições afro-brasileiras; mas, para estas perdurarem, foi necessário reinterpretá-las, normalizá-las, codificá-las. Foi este o trabalho dos intelectuais umbandistas: canalizar uma situação de fato para constituir uma nova religião. Mas quem eram estes intelectuais? Brancos e mulatos de "alma branca", que reconstituíram as antigas tradições com os instrumentos e os valores fornecidos pela sociedade. Não estamos, pois, mais em presença de um culto afro-brasileiro, mas diante de uma religião brasileira que traz em suas veias o sangue negro do escravo que se tornou proletário.

Para compreendermos o nascimento da religião umbandista, nós a analisaremos no quadro dinâmico de um duplo movimento: primeiro, o embranquecimento das tradições afro-brasileiras; segundo, o empretecimento de certas práticas espíritas e kardecistas. Empregamos o termo *embranquecimento* no mesmo sentido utilizado por Roger Bastide —[3] para subir individualmente na estrutura social, o negro não tem alternativa, ele precisa aceitar os valores impostos pelo mundo branco; ele vai pois recusar tudo aquilo que tem uma forte conotação negra, isto é, afro-brasileira. Encontramos ao longo deste trabalho vários exemplos desta recusa; o que devemos assinalar, por enquanto, é que a ação de embranquecer está associada a uma "vontade de embranquecer". Pode-se dizer que existe um desejo de embranquecimento que corresponde a um "complexo de inferioridade" do negro diante do branco. Este complexo não é. entretanto, segundo Bastide, de natureza libidinosa, mas social; ele decorre da posição inferior do negro no sistema escravocrata brasileiro.[4] Por outro lado, o que queremos indicar com o termo *empretecimento* é somente o movimento de uma camada social branca, em direção às crenças tradicionais afro-brasileiras; trata-se de uma aceitação do fato social negro, e não de uma valorização das tradições negras. Devemos portanto distinguir entre o empretecimento e um possível movimento de enegrecimento da cultura branca. Para nós, o preto se opõe ao negro na medida em que o primeiro se refere à

3. Roger Bastide, *As Religiões Africanas...*
4. R. Bastide, "Introduction à quelques complexes afro-brésilíens", ín *Le rêve, la transe et la folie,* p. 203.

superfície, à cor negra, enquanto o segundo diz respeito à essência negra, ou seja, ao que o africano traz de característico de uma África pré-colonial. Ao falarmos do empretecimento de uma camada de intelectuais kardecistas, não nos referimos a uma fusão harmônica das raças, como pretende Gilberto Freyre. O que tentaremos mostrar é que sempre existe a valorização do preto (e não do negro), ela se processa segundo a pertinência de uma cultura branca. Os elementos genuinamente africanos, ou melhor, afro-brasileiros, são rejeitados por esta camada de intelectuais, que são justamente os criadores da religião Umbanda. A cor preta é, desta forma, reinterpretada de acordo com os cânones de uma sociedade onde a ideologia branca é dominante.

Nossa exposição será composta de duas partes: a primeira mostrará como as crenças afro-brasileiras se impregnam do espiritismo kardecista e do mundo branco; a segunda, como uma camada de espíritas kardecistas se apropria das tradições afro-brasileiras. Consideramos a influência do catolicismo como sendo intrínseca a estes dois tipos de religião. Com efeito, apesar das diferenças, as práticas afro-brasileiras são marcadas pelo catolicismo, do mesmo modo que o espiritismo de Allan Kardec aplica a moral cristã ao mundo dos espíritos. Desta forma, a Igreja penetra no culto umbandista através do altar, das imagens dos santos, dos cânticos que tendem a substituir a música ritmada pelos atabaques; estas transformações correspondem à desagregação da memória coletiva negra, que se realiza desde a época colonial; elas somente acentuam certos traços desde há muito esboçados.

O Movimento de Embranquecimento

A penetração do espiritismo nas classes baixas brasileiras se dá já nos fins do século XIX, mas esse gênero de prática religiosa toma imediatamente uma configuração mágica, transformando-se radicalmente. Ele se funde a procedimentos mágicos conhecidos e se torna um novo meio, talvez mais eficaz, de reconforto. João do Rio, na série de reportagens que realizou por volta de 1900, no Rio de Janeiro, assinala a presença de pratican-

QUADRO SÓCIO-HISTÓRICO

tes desse *baixo espiritismo,* nos mais variados lugares da cidade.[5] Essas práticas se organizam muitas vezes em verdadeiras sessões espíritas. O autor nos descreve uma dessas sessões no Morro do Pinto: "numa sala baixa, iluminada a querosene, assentam-se os fiéis, mulheres desgrenhadas, mulatinhas bamboleantes, negras de lenço na cabeça com o olhar alcoólico, homens de calças abombachadas... As luzes deixam sombras nos cantos sujos. No momento em que entramos a médium, em chinelas, é presa de um tremor convulso. Diante da entrada, uma portuguesa, com o olhar de gazela assustada na face velutínea, espera. A pobre casou, o marido deu para beber e, desgraça da vida! bate-lhe de manhã à noite, deixa-a derreada".[6] Negros, mulatos, portugueses, à miséria da cor soma-se a miséria de classe; a favela torna-se o foco do feitiço, ou em outros termos, o lugar onde se agrupa uma classe marginal à sociedade, que tem como único consolo a religião e as práticas mágicas que se enriquecem na medida em que cada povo traz a sua contribuição. Desta forma, negros e imigrantes que não conseguem integrar-se imediatamente na sociedade passam a ocupar uma mesma posição social. O baixo espiritismo vai lhes oferecer um quadro que lhes permita enfrentar a vida. Roger Bastide, estudando o processo de marginalização dos estrangeiros em São Paulo, mostra que existe uma tendência de o imigrante voltar-se para as práticas supersticiosas. Examinando os prontuários da polícia, o autor chega a estabelecer uma relação entre o número desses praticantes e sua origem, estrangeira ou não. Assim, para 105 curadores estrangeiros, contam-se 64 brancos brasileiros; para 31 feiticeiros estrangeiros, 16 brancos brasileiros; para 11 adeptos estrangeiros do baixo espiritismo, 17 brancos brasileiros.[7] Mais interessante ainda é a explicação que o autor nos dá desse fenômeno; para ele o imigrante, sobretudo na primeira geração, "não tendo mais o apoio dos quadros sociais da sua cultura, passa por uma crise moral dolorosa. Se é verdade que o nosso Eu é, em grande parte, uma construção do meio social, a ausência do meio original produz uma desagregação paralela da personalidade. O imigrante é

---

5.   João do Rio, *op. cit.*
6.   João do Rio, *ibid,* p. 165.
7.   Roger Bastide, *A Macumba Paulista,* p. 203.

RENATO ORTIZ

assim presa do espiritismo e das seitas religiosas, pois somente elas podem fornecer-lhe quadros novos, a cujo redor possa tornar a construir um eu".[8] Desse modo o imigrante e o negro encontram-se lado a lado numa situação de classe; o espiritismo vai atingi-los, muito embora ele tenha que se transformar, acentuando particularmente sua dimensão mágica.

Estudando os candomblés de caboclo na Bahia, Edson Carneiro nos dá um exemplo da penetração do espiritismo nesses cultos. Ele mostra de que maneira as novas sessões de caboclo sincretizam as entidades espíritas com os orixás afro-bantos. Entretanto o sincretismo não se limita a uma correspondência entre deuses africanos e santos católicos, agora é o próprio universo mítico afro-brasileiro que é atingido. Um fiel dessas sessões de caboclo, referindo-se à cosmologia espiritual, a explica nos seguintes termos: "os espíritos habitam o *Invisível* junto de seus *irmãos do espaço* e velam por seus *irmãos sofredores,* estes pobres diabos que habitam este vale de lágrimas. Os espíritos descem para fazer a caridade e intercedem junto aos santos, em favor dos mortos que ainda não se libertaram do fardo imundo da matéria, e podem assim viajar para outros planetas".[9] Durante essas sessões descem o caboclo Flecha, morto há 33 anos, Manoel do Espírito Santo, negro africano de 34 anos, caboclo Itapicuru, de 135 anos. O ritual é celebrado em português, e nele se pratica a cura mágica.

A desagregação da memória coletiva negra se dá portanto no interior dos próprios cultos afro-brasileiros, particularmente nas nações bantos. Evidentemente nem todos os negros de origem banto participam desse movimento de transformação, por exemplo, o negro Manuel Lupércio, citado por Edson Carneiro, para quem "caboclo não desce em sessão espírita. Ele passa longe quando sabe que existe uma perto".[10] Esta forma de resistência cultural não se aplica entretanto ao grupo banto em seu conjunto. É esta etnia que tende a sincretizar, com maior facilidade, suas crenças com a corrente espírita kardecista, dando assim

---

8. Roger Bastide, *ibid.*
9. Edson Carneiro, *Negros Bantos,* Rio de Janeiro, Civilização Brasileira, 1937, p. 182.
10. Edson Carneiro, *ibid.,* p. 180.

QUADRO SÓCIO-HISTÓRICO 37

nascimento ao que se costuma vagamente chamar de baixo espiritismo. Arthur Ramos observa que a afinidade entre os cultos bantos e o espiritismo provém do fato de que neste grupo a religião fundamenta-se principalmente no culto dos antepassados. Ele constata que na região de Bengala existe até mesmo um culto de espíritos organizado, denominado "orodere".[11] já Oscar Ribas se refere ao culto da "dissaquela", em Luanda, onde se celebram verdadeiras sessões espíritas dirigidas pelo quimbanda.[12] Arthur Ramos parece ter razão quando afirma que o espiritismo fornece quadros de interpretação bastante coerentes às crenças de origem banto. Elas puderam assim encontrar, em solo brasileiro, uma outra solução religiosa original, diferente das correspondências estabelecidas entre deuses e santos, pela tradição sudanesa.

O culto da cabula é outro exemplo que demonstra a fusão das práticas bantos com o espiritismo. Ele foi descrito num documento difundido pelo bispo Dom João Correa Nery, retomado por Nina Rodrigues.[13] As sessões de cabula chamavam-se *mesa,* eram secretas, e se praticavam no bosque, onde, sob uma árvore, improvisava-se um altar. Um espírito chamado *tata* se encarnava nos indivíduos e os dirigia em suas necessidades temporais e espirituais. O chefe de cada mesa chamava-se *embanda* e era secundado pelo *cambone;* a reunião dos adeptos formava a *engira.* O culto da cabula, associado às práticas gege-nagô, deu origem à macumba carioca, tal como ela foi descrita por Arthur Ramos por volta de 1930. Entretanto, já nos fins do século XIX observa-se a penetração do espiritismo no interior deste culto. É preciso notar que as sessões e os ornamentos do altar têm o nome de *mesa,* isto é, a mesa kardecista, onde descem os espíritos vindos do astral. Esta denominação sabe-se que foi conservada até meados dos anos 30, pois Nicolau Rodrigues, estudando as macumbas do Rio em 1936, indica que os pais-de-santo são também conhecidos como "pais de mesa".[14] Num canto recolhido, o autor encontra claramente indicada a relação entre a mesa

11. Arthur Ramos, *O Negro Brasileiro,* São Paulo, Cia. Ed. Nacional, 1940, p. 109.
12. Oscar Ribas, *Ilundo,* Museu de Angola, 1958.
13. Nina Rodrigues, *Os Africanos no Brasil,* pp. 373-384.
14. Nicolau Rodrigues, *Macumbas e Candomblés,* Rio de Janeiro, 1936 (série de reportagens escritas para *O Jornal).*

38 RENATO ORTIZ

espírita e a nova religião umbandista que se formava. Uma invocação a Oxalá diz:

> Samba, samba
> Sambalêlê
> É meu pai
>
> Samba, samba
> Sambalêlê
> É minha mãe
> Samba, samba
> Sambalêlê
> Vê
> Samba na *mesa* de Umbanda.

Na macumba carioca o embanda ou *umbanda* de cabula torna-se o sacerdote do culto, o cambone seu adjunto, a engira ou gira indicam agora o local onde dançam os fiéis, ou melhor, giram para receber os espíritos. As sessões não se realizam mais ocultas nos bosques, mas no interior das casas. O terreiro da macumba vai reproduzir a estrutura das casas de candomblé, reinterpretando-a, porém, segundo as necessidades de uma nova situação social. Arthur Ramos, habituado à riqueza das práticas afro-baianas, assim descreve um desses terreiros de macumba: "eles são grosseiros e simples, sem esta teoria de corredores e compartimentos dos terreiros gegêiorubá".[15] Conserva-se o altar do santo protetor mas elimina-se o fetiche preparado com o sangue dos sacrifícios, que se encontra no *pegi*. Substitui-se ainda o fetiche do deus pela imagem católica que lhe corresponde. No terreiro descrito por Arthur Ramos não encontramos mais o fetiche de Ogum, mas a imagem de São Jorge com "suas armas, diversas litografias de santos emolduradas, velas, espadas e bandeirolas de papel colorido; à esquerda do altar, uma bandeira vermelha carrega a inscrição Ogum-Megê".[16] As práticas dos candomblés são portanto transformadas e simplificadas. O que vai caracterizar a macumba não é mais o santo protetor, o orixá

---

15. Arthur Ramos, *O Negro Brasileiro*, p. 122.
16. Arthur Ramos, *ibid.*, p. 124.

QUADRO SÓCIO-HISTÓRICO

africano, mas um "espírito familiar que desde tempos imemoriais vem invariavelmente se encarnar no umbanda".[17] No terreiro este espírito é considerado o de Pai Joaquim, velho antepassado da Costa da África, que *"trabalha"* na tenda há 24 anos.

Entretanto, o processo de embranquecimento não se traduz unicamente pela presença do catolicismo e do espiritismo; o imigrante branco, próximo do negro, vai penetrar fisicamente no universo afro-brasileiro, e apoderar-se muitas vezes da chefia do culto. Gonçalves Fernandes, estudando o sincretismo no Rio, em 1938, chama a atenção para este fenômeno. Ele nos fala desse "alfaiate, Fernando Capolillo, de 21 anos, branco, solteiro, puro tipo romano",[18] que dirige o terreiro da Senhora Oxum. Em Ramos, subúrbio carioca, acha-se a "Umbanda Judite Kallile, uma libanesa brasileira, que comanda um terreiro onde se misturam práticas africanas, católicas e espíritas. As sessões se realizam sem o emprego de instrumentos musicais próprios ao candomblé, e se passam diante de uma mesa onde se encontram bonecas, facas, caixas de cigarro, garrafas de pinga e grandes quantidades de fitas coloridas".[19] As contribuições dos brancos vão pois complicar e enriquecer a macumba; entretanto é sobretudo no campo da magia que o sincretismo se processa mais acentuadamente. A magia, segundo suas leis da acumulação, experimenta todos os produtos que estão ao seu alcance. Os procedimentos mágicos orientais e europeus começam então a se integrar às práticas afro-brasileiras na medida em que podem implicar um aumento da eficácia: talismãs europeus, estrelas de David, insígnias cabalísticas, livros de astrologia, são elementos que naturalmente passam a fazer parte do nosso acervo cultural mágico.

A desagregação dos cultos afro-brasileiros é pois um processo geral que se realiza nas mais variadas regiões do país. Na Bahia, os candomblés de caboclo tornam-se sessões de caboclo; em São Paulo, encontramos a cabula no interior do Estado e, na capital, a individualização de memória coletiva negra na pessoa do macumbeiro — a religião simplifica-se em magia. No Rio de

---

17. Arthur Ramos, *ibid.*
18. Gonçalves Fernandes, *O Sincretismo Religioso no Brasil*, Curitiba, Guaíra, 1941, p. 97.
19. Gonçalves Fernandes, *ibid.*, p. 101.

40 RENATO ORTIZ

Janeiro assistimos à formação de um culto organizado, a macumba carioca, onde o sincretismo já é obra avançada; o mesmo fenômeno existe em relação à macumba de Vitória.[20] Este processo seguiria seu caminho se uma força de coesão não o estancasse no seu andamento. É justamente esta força que vai canalizar a desagregação da memória coletiva negra numa nova direção: a formação da Umbanda.

O Movimento de Empretecimento

A introdução do espiritismo no Brasil se faz em 1853, através das curiosas "mesas girantes", mas somente em 1865, com a formação de um grupo em Salvador, torna-se verdadeiramente uma religião.[21] Já na sua origem, ele toma uma forma religiosa que se distancia de certo modo do pensamento racionalista de Allan Kardec. O primeiro movimento espírita organizado (1873), a Sociedade de Estudos Espíritas do Grupo Confúcio, no Rio de Janeiro, tem como palavra de ordem: "Sem caridade não existe verdadeiros espíritas",[22] o que levava à prática da homeopatia e dos passes para doentes. Esta orientação terapêutica acentua-se com o passar do tempo, para transformar-se, em seguida, em medida de avaliação da prática espírita. Um acontecimento ocorrido em 1877 ilustra bem o desenvolvimento desta tendência terapêutica; em 1876 o grupo Confúcio se dissolve para formar a Sociedade dos Estudos Espíritas Deus Cristo Caridade. No início este novo centro é um sucesso; os trabalhos aí realizados são considerados prodigiosos. Um praticante, referindo-se a esta época, comenta: "Inúmeros foram os prodígios. A luz, em jorros, deslumbrou os assistentes. Todos quantos tinham a dita de assistir a um trabalho daquela Sociedade se impunham a si mesmos a obrigação moral de inabalável conversão... mas... Onde a humildade devia ter um

20. Douglas Teixeira Monteiro, *A Macumba em Vitória*, Anais do XXXI Congresso Internacional de Americanistas, 1955, pp. 436-472.
21. Boaventura Kloppenburg, *O Espiritismo no Brasil*, Petrópolis, Vozes, 1964, p. 12.
22. Boaventura Kloppenburg, *ibid.*, p. 15.

QUADRO SÓCIO-HISTÓRICO 41

altar, o orgulho armou sua tenda. O egoísmo crismou-se de caridade e fraternidade, a dissensão. A pretensão vaidosa do saber invadiu os corações. Desvairados, levantaram um templo à ciência e construíram uma academia!"[23] Desencadeia-se assim uma cisão entre místicos e racionalistas. Os grupos dissidentes multiplicam-se; são justamente esses grupos de caráter místico que constituirão mais tarde a base da Federação Espírita Brasileira. Daqui por diante o médium torna-se, antes de tudo, um curandeiro. Com efeito, o poder de cura é ainda hoje um dos principais critérios para o recrutamento de novos adeptos espíritas. Cândido Procópio mostra, num estudo sobre o kardecismo, que em São Paulo, sobre um total de 580 pessoas interrogadas, 62% indicam como razão de sua conversão o poder de cura.[24] Entretanto estes dados representam somente índices mínimos da motivação terapêutica; na realidade, logo após ter-se integrado na religião, o adepto assimila as racionalizações veiculadas pela instituição, que teoricamente relega o problema terapêutico ao segundo plano. Assim, entre os fiéis que se converteram há menos de 5 anos — aqueles que estão pois há pouco tempo em contato com a ideologia institucional — a porcentagem de respostas indicando a cura como fator fundamental de conversão sobe a 70%. O espiritismo adquire pois um caráter de consolo dos sofrimentos e moléstias; é sob essa forma lenitiva que ele penetra, como vimos anteriormente, nas classes baixas da sociedade, onde se associa a outras práticas mágicas. Passemos agora à análise do movimento inverso: como certos espíritas, dirigindo-se para "baixo", apropriam-se das crenças afro-brasileiras.

Sabe-se que Benjamim Figueiredo, contador, neto de franceses, foi um dos primeiros kardecistas a iniciar o movimento de empretecimento. A avó trouxe o kardecismo da França, o que faz com que ele inicie sua vida religiosa "trabalhando na mesa". Acontece no entanto que Benjamim recebe o espírito do Caboclo Mirim, índio brasileiro, o que lhe impossibilita de continuar seu trabalho com os kardecistas, que recusam esse gênero de espírito por considerá-lo por demais impuro para desenvolver o progresso da humanidade. Ele abandona pois a *mesa* e funda, em 1924, a

---

23. Boaventura Kloppenburg, *ibid.*, p. 17.
24. Cândido Procópio de Camargo, *Kardecismo e Umbanda*, p. 171.

42   RENATO ORTIZ

Tenda Espírita Mirim, no Rio de Janeiro. Neste novo centro, sob a orientação do Caboclo Mirim, ele poderá praticar a caridade de uma forma mais brasileira, isto é, próxima das camadas baixas da população. Um outro centro espírita, a Tenda Espírita Nossa Senhora da Piedade, fundada em 1908 em São Gonçalo, Estado do Rio, e que também praticava o kardecismo, em torno de 1930, volta-se para a Umbanda. "Nesse decênio, o dirigente dessa Tenda, Zélio de Moraes, recebeu do Caboclo Sete Encruzilhadas a incumbência de fundar sete centros, os quais foram instalados na cidade do Rio de Janeiro, entre 1930 e 1937, com os nomes de Tenda Espírita:

S. Pedro, num sobrado da Praça 15 de Novembro
N. Sra. da Guia, na rua Camerino, 59
N. Sra. da Conceição, sem sede fixa
S. Jerônimo, na rua Visconde de Itaboraí, 8
S. Jorge, na rua Dom Gerardo, 45
Santa Bárbara
Oxalá, na atual Av. Presidente Vargas, 2567.

Posteriormente a Tenda Espírita N. Sra. da Piedade passou a funcionar na cidade do Rio de Janeiro, na Praça Duque de Caxias, 231, e em 1960, na rua Dom Gerardo, 51.

Surgiram ainda, neste período, diversos centros, como a Tenda Espírita N. Sra. do Rosário, Cabana Espírita Senhor do Bonfim, Tenda Espírita Fé e Humildade, Cabana Pai Joaquim de Luanda, Tenda Espírita Humildade e Caridade, Cabana Pai Tomé do Senhor do Bonfim, Centro Espírita Religioso São João Batista, Tenda Africana São Sebastião, e muitos outros, desde a Praça Onze e Rio Comprido até os subúrbios mais distantes, especialmente nos municípios limítrofes do Estado do Rio de Janeiro."[25]

Apesar de a progressão do processo de empretecimento ser mais acentuada no Rio de Janeiro, ela não se restringe somente a esta região. Em 1926, Otacílio Charão, após uma estadia de dez anos na África, volta ao Rio Grande (RS) e abre o Centro

---

25. Cavalcanti Bandeira, *O que ê a Umbanda,* Rio de Janeiro, Eco, 1970, p. 73.

QUADRO SÓCIO-HISTÓRICO 43

Espírita Reino de São Jorge, onde recebe como médiuns os espíritos do preto-velho Girassol e do caboclo Vira Mundo.[26] Em 1932, Laudelino de Souza Gomes, oficial da marinha mercante, funda em Porto Alegre a Congregação Franciscana da Umbanda. Este centro "praticava o ritual umbandista a seu modo, declarando que seguia o ritual simiromba, tendo como patrono do centro São Francisco de Assis, como continua até hoje. Usava, o seu pessoal, vestes franciscanas, tocando maracás como instrumento para chamar as entidades guias, e alguns ogãs batendo com bastões no chão para marcar cadência".[27]

Em 1939, forma-se, no Rio de Janeiro, a Federação Espírita de Umbanda, que agrupava vários centros existentes. Em 1941, realiza-se o Primeiro Congresso Umbandista, que tem por finalidade estudar a religião e codificar os ritos. A religião umbandista procura pois cristalizar sua forma: o processo de formação religiosa, que se anunciava há vinte anos, passa então a se exprimir através de canais oficiais. Surgem nesta época os livros descrevendo os dogmas, ritos e moral religiosa; em 1939, Waldemar L. Bento publica o livro *A Magia no Brasil,* e João de Freitas escreve uma série de reportagens sobre terreiros de Umbanda no Rio. No Sul do país, Leopoldo Betiol divulga a nova religião, escrevendo pequenos opúsculos sobre o esoterismo na Umbanda, descrevendo ritos e a preparação de banhos de descarga para retirar os maus fluidos do corpo. A partir desta época, a tiragem das publicações umbandistas aumenta sem cessar. Em 1960 estimava-se em mais de 400 o número de títulos de livros que tratavam da religião.[28] As casas de edição, como Eco e Espiritualista, no Rio de Janeiro, Esotérica, em São Paulo, especializam-se neste novo tipo de literatura. Esta diversificação literária denota a existência de diferentes tendências no seio do movimento umbandista; entretanto, o livro já aparece como meio de codificação e difusão do saber religioso. É preciso notar que esses textos não exprimem unicamente pontos de vista individuais, mas veiculam aspirações de diversos grupos que compõem a religião umbandista; eles se filiam, muitas vezes, às diferentes federações que agru-

---

26. Cavalcanti Bandeira, *ibid.,* p. 81.
27. Cavalcanti Bandeira, *ibid.*
28. Cândido Procópio de Camargo, *Kardecismo.. .,* p. 41.

44 RENATO ORTIZ

pam centenas de tendas e terreiros. A partir de 1950, pode-se constatar que o número dessas federações se multiplica no nível municipal, regional, estadual e até mesmo nacional. Por volta de 1960 Kloppenburg, estudando a Umbanda, fornece uma longa lista dessas instituições: [29]

Esfera Nacional:
    Confederação Espírita Umbandista
    Grande Federação de Umbanda
    União Espírita de Umbanda
    União dos Espíritos de Umbanda
    Associação Umbandista Brasileira
    Colégio Espiritualista de Umbanda do Brasil
    Ordem Umbandista do Silêncio
    Primado de Umbanda
    Círculo Umbandista do Brasil
    União Nacional dos Cultos Afro-Brasileiros

Esfera Estadual:
    Federação Umbandista do Estado de São Paulo
    União de Umbanda do Rio Grande do Sul
    Federação Espírita Umbandista do Estado do Rio de Janeiro
    Liga Umbandista São Jerônimo do Estado de São Paulo
    Cruzada Federativa Espírita de Umbanda do Est. de S. Paulo
    Associação Ritualística Afro-Brasileira (Santos — SP)
    Federação Pernambucana do Culto Afro-Brasileiro
    Federação Baiana do Culto Afro-Brasileiro
    Federação Umbandista do Estado do Rio de Janeiro
    Federação dos Cultos Afro-Brasileiros do Recife.

Na maioria dos casos, essas federações não têm nenhuma ligação entre si. Na lista acima apresentada, podem-se notar várias contradições; temos, por exemplo, diversas federações que reivindicam a mesma área do poder estadual, ou ainda o caso da cidade de Santos, que quer ser a sede de uma associação repre-

29. Boaventura Kloppenburg, *Umbanda no Brasil,* Petrópolis, Vozes, 1961.

QUADRO SÓCIO-HISTÓRICO 45

sentativa de todo o Estado. Voltaremos a falar em um capítulo à parte sobre essas contradições, e a árdua luta pelo poder, que se trava entre as federações. O que por ora queremos ressaltar é que, apesar de todas essas contradições, existe um esforço de canalização da religião que se processa através de uma elite umbandista; com efeito, as federações agrupam advogados, jornalistas, militares, médicos.[30] Esta elite pode ajudar, em casos concretos, os chefes de terreiro junto às autoridades, e muitas vezes são os intermediários entre a seita e o poder jurídico, quer para registrar oficialmente os terreiros nos cartórios, quer para fornecer um advogado em caso de perseguição policial. Ela torna-se, pois, o porta-voz da religião; superando os conflitos regionais, ela irá organizar encontros em escala nacional, tais como os congressos de 1941, 1961, 1973, todos no Rio de Janeiro. Assim, apesar da existência de contradições doutrinárias e organizacionais, a Umbanda se consolida como uma realidade; sua meta atual é a de ser reconhecida plenamente pelo Estado e pela sociedade brasileira.

Continuidade e Tradição

Passemos agora a algumas considerações sobre o kardecismo, para melhor compreender o aspecto inovador da religião umbandista. Desde sua introdução no Brasil, o espiritismo teve sucesso como religião; ele se desenvolve rapidamente por volta dos fins do século XIX, e João do Rio observa que das 96 revistas espíritas existentes no mundo 56 são de tiragem européia, 19 de tiragem brasileira.[31] O recenseamento de 1940 indica a existência de 436.000 espíritas sobre um total de 41.236.000 habitantes; o de 1950, 824.553 espíritas sobre 51.944.397 habitantes — em dez anos a população espírita duplica. O que nos interessa,

---

30. Um trabalho que também considera a formação da Umbanda associada a uma elite proveniente das classes médias é o de Diana Brown, *O Papel Histórico da Classe Média na Umbanda,* X Reunião Brasileira de Antropologia, Salvador, 1975 (mimeo).
31. João do Rio, *op cit.*

46 RENATO ORTIZ

entretanto, é conhecer a atitude desse movimento em relação às crenças afro-brasileiras. Se, como vimos anteriormente, o espiritismo kardecista toma desde seus primórdios no Brasil uma dimensão mais terapêutica do que científica, ele se demarca entretanto das práticas mágico-religiosas negras e até mesmo do baixo espiritismo. Cuidadosamente ele procura desvencilhar-se de toda conotação proletária, miserável, ou negra, que poderia assimilá-lo a esse gênero de práticas. Os espíritos da macumba são pois eliminados das mesas brancas, que se recusam a aceitá-los. No melhor dos casos, quando um espírito de preto-velho se aproxima de um "bom" diretor de sessão, ele é doutrinado para que possa continuar seu caminho na escala espiritual. Ele não pode ser confundido com um espírito de luz, como o é um espírito de médico, de padre, de freira, ou de um sábio qualquer, posto que no universo kardecista a cultura do espírito corresponde à cultura de sua "matéria" (o médium). Como poderia um analfabeto prescrever sabedoria? Quem levaria a sério a ignorância do espírito de um antigo escravo? — este deve pois permanecer no seu "lugar". Tivemos oportunidade de conhecer o caso de uma moça negra vinda do interior do Estado de São Paulo que ilustra bem este fato. Desde a infância ela tinha visões, "sentia coisas", por isso começa a freqüentar um centro espírita. No fim de um certo tempo, o diretor do culto a chama e lhe diz: "Maria, eu gosto muito de você, mas você tem um guia de terreiro, é um preto-velho, ele até fala muito bem".[32] Ora, um guia de terreiro, espírito indesejável, não pode freqüentar a mesa branca. A médium abandona pois o kardecismo, para freqüentar um misto de candomblé e Umbanda. Pode-se observar que o mecanismo do conselho tem aqui o papel de seletor, resguardando portanto a pureza daqueles que freqüentam o centro. Com efeito, a negra Maria recebe o espírito de um negro; a rejeição da entidade espiritual se traduz na rejeição de sua cor e de sua classe social. É preciso notar que a recusa dos kardecistas atinge os espíritos dos índios. Desta forma, Benjamim Figueiredo (Caboclo Mirim), não se acomodando à ideologia kardecista, é também forçado a abandonar o espiritismo de mesa. Existe assim oposição entre kardecismo e práticas afro-brasileiras, oposição que se torna evi-

32. Entrevista com um chefe de terreiro.

QUADRO SÓCIO-HISTÓRICO 47

dente quando se observam os ataques que espíritas e umbandistas se dirigem mutuamente. Enquanto estes insistem no aspecto puritano, na sobriedade moral do kardecismo, aqueles denunciam secamente "o lado africano e mágico da Umbanda, para relegá-la ao depósito proibido das superstições populares".[33] A oposição entre esses dois universos sagrados se processa, pois, no nível espiritual, pela recusa dos espíritos dos negros e dos índios, e no nível da prática, pela crítica ao despacho de Exu, das bebidas das divindades, dos charutos dos caboclos, da utilização da pólvora para afugentar os maus fluidos, práticas estas consideradas bárbaras, ignóbeis e atrasadas.

Se na religião espírita encontramos esta resistência ao contato com as tradições mágicas, o mesmo não se dá no pólo das crenças afro-brasileiras. É claro que, paralelamente à desagregação da memória coletiva negra, existe um movimento de resistência: o candomblé representa bem esta corrente que quer preservar o mundo simbólico afro-brasileiro. Mas, na medida em que o negro se integra na nova sociedade brasileira, o movimento de desagregação se acentua. O testemunho de um negro fiel a suas raízes mostra bem o ressentimento de alguns para com a transformação das práticas afro-brasileiras. Referindo-se ao grupo banto, o negro Antônio, informante de João do Rio, nos diz: "há os negros cambindas (bantos). Também esta gente é ordinária, copia os processos dos outros e é de tal forma ignorante, que até as cantigas das suas festas têm pedaços em português..., [e lamentando-se acrescenta]... por negro cambinda é que se compreende que o africano foi escravo de branco!".[34] Esta constatação, que lhe é desagradável, representa entretanto toda uma realidade sociológica que não se restringe apenas aos negros bantos; ela se estende também às diversas nações afro-brasileiras. A luta dos ogás no Rio, entre 1910-1920, mostra como os próprios participantes do culto gegê-nagô se revoltam contra a rigidez das tradições. Com efeito, as práticas do candomblé tornam-se incongruentes com as da sociedade; a "camarinha" é para os fiéis um gasto de tempo excessivamente

33. Roger Bastide, "Le Spiritisme au Brésil", *Archives des Sciences Sociales des Religions,* n. 24, juil-dec. 1967, p. 11.
34. João do Rio, *op. cit.,* pp. 28-29.

48 RENATO ORTIZ

longo, numa sociedade onde o trabalho assalariado é a ocupação primordial. No nível dos símbolos, os sacrifícios de sangue são cada vez mais conotados como bárbaros; no plano individual, o candomblé exige ainda uma adesão e submissão incondicionais à personalidade do pai-de-santo, o que se opõe à liberdade recentemente adquirida pelos cidadãos. Dois caminhos se abrem pois à gente de cor: o retorno à tradição, o que implica o enquistamento dos candomblés, ou a integração na sociedade, o que leva, senão à renúncia da tradição, ao menos à reinterpretação desta segundo novos valores sociais.

A Umbanda aparece pois como uma solução original; ela vem tecer um liame de continuidade entre as práticas mágicas populares à dominância negra e a ideologia espírita. Sua originalidade consiste em reinterpretar os valores tradicionais, segundo o novo código fornecido pela sociedade urbana e industrial. O que caracteriza a religião é o fato de ela ser o produto das transformações sócio-econômicas que ocorrem em determinado momento da história brasileira; a ausência de um local de origem bem definido ilustra este aspecto do problema. No início, não há uma vontade deliberada e nítida de se formar uma nova religião. O processo de embranquecimento, assim como o de empretecimento, resultam das próprias transformações sociais. É por causa delas que este processo se reproduz, com cores regionais, nos diversos pontos do país. A penetração do espiritismo nas crenças negras se faz no Norte e no Sul do país; os primeiros espíritas que se convertem, por volta dos anos 20, pertencem também a regiões diferentes — Benjamim Figueiredo está no Rio de Janeiro, Zélio de Morais em Niterói, Charão no Rio Grande do Sul. Não existe, a princípio, a consciência de um movimento que se propõe a formar e difundir uma nova religião. É somente após o aparecimento de práticas mais ou menos semelhantes, mas tendo o mesmo sentido ideológico, que a religião se preocupa em se organizar. Esse estado de indefinição das coisas pode ser melhor compreendido, quando se leva em conta o testemunho de Alfredo d'Alcântara, durante o Primeiro Congresso Umbandista de 1941. Referindo-se à religião, ele dirá: "um nome era preciso para batizar a modalidade religiosa que se esboçava com tanto prestígio, antes mesmo de haver formado sua personalidade. Escolheram Umbanda. Mas quem escolheu? Nin-

QUADRO SÓCIO-HISTÓRICO

guém pode responder; sabe-se apenas que ele começou a ser empregado aqui no Distrito Federal e Estado do Rio. Só muito tempo depois de se tornar corriqueiro emigrou para a Bahia, onde se incorporou aos candomblés e xangôs pelo Norte afora".[35] É pois a prática popular que se transforma para se adaptar à ideologia da sociedade. Já em 1936, Nicolau Rodrigues constata a presença difusa dessa religião Umbanda, que aceitava os espíritos de caboclos e de pretos-velhos, mas que tinha por finalidade "uma ideologia espiritual mais elevada do que os estreitos e grosseiros círculos da magia negra",[36] isto é, das práticas da macumba.

---

35. Cavalcanti Bandeira, *op. cit.*, p. 81.
36. Nicolau Rodrigues, *op. cit.*, p. 57.

Religião e Sociedade Brasileira

Umbanda - Urbanização - Industrialização

Mostramos, nos capítulos anteriores, que a religião umbandista se encontra, desde a sua formação, estreitamente associada aos fenômenos de industrialização e urbanização. Entretanto, este inter-relacionamento foi abordado sobretudo sob uma perspectiva histórica, isto é, o da emergência de uma religião no seio de uma sociedade que se transformava e se distanciava de um passado tradicional. Uma vez colocado o problema do inter-relacionamento da religião-industrialização-urbanização, torna-se necessário perguntar se esta associação persiste ao longo dos trinta anos de desenvolvimento da religião umbandista. O que propomos demonstrar é que a relação Umbanda/sociedade urbano-industrial não somente se manifesta no momento da emergência da religião, como ainda se conserva no seio da atual sociedade brasileira. Constataremos ainda que os fenômenos de industrialização e de urbanização imprimem o sentido do próprio desenvolvimento da religião: quanto mais as regiões são urbanizadas e industrializadas, tanto maior será o número de adeptos umbandistas.

Segundo o recenseamento de 1970, a população brasileira se distribui da seguinte maneira: 52.084.984 habitantes na zona urbana, e 41.054.053 na zona rural. A oposição entre cidade e campo se acentua em detrimento da zona rural; por outro lado a

52 RENATO ORTIZ

estrutura de produção se consolida na zona urbana.[1] A indústria se transforma deste modo no fundamento do sistema econômico brasileiro.[2] É necessário porém ter em mente que o processo de urbanização e industrialização ocorre de forma diferenciada no conjunto do país. A distribuição percentual do consumo de energia, em relação às populações regionais, dá uma idéia de como este processo se desenvolve:[3]

Região	% População	% Mwh
Norte	3,86	1,02
Nordeste	30,18	9,12
Sudeste	42,78	78,63
Centro-Oeste	5,44	1,77
Sul	17,71	9,44

Observa-se primeiramente diferenças sensíveis de concentração da população segundo as regiões. Entretanto, não se deve esquecer que o Sudeste congrega somente cinco estados, enquanto o Nordeste agrupa nove. Por outro lado é justamente na região Sudeste que se concentram as grandes cidades. Mais significativos são ainda os desvios entre região e consumo de energia; somente o Sudeste consome 78% da energia produzida. Sabendo-se que a maior parte deste consumo é feita pela indústria, pode-se ter uma idéia dos diferentes graus de industrialização das regiões brasileiras. Outros dados confirmam o argumento apresentado: só o estado de São Paulo contribuiu, em 1967, com 47% da produção industrial nacional.[4]

Algumas conclusões podem ser tiradas deste rápido esboço do processo de desenvolvimento brasileiro: a urbanização e a in-

1. Sobre o desenvolvimento da sociedade urbano-industrial, ver, por exemplo, Juarez Brandão Lopez, *Desenvolvimento e Mudança Social,* São Paulo, Cia. Ed. Nacional, 1976, e Manuel Correia de Andrade, *Cidade e Campo no Brasil, São Paulo,* Brasiliense, 1974.
2. Alguns dados comparativos entre indústria e agricultura podem ser encontrados em *Anuário Banas,* v. 1, 1972.
3. População: recenseamento 1970 (IBGE). Consumo de energia: *Anuário Banas,* v. 3, 1973.
4. Ver *Anuário Banas,* v. 2, 1972, p. 134.

QUADRO SÓCIO-HISTÓRICO   53

dustrialização são mais desenvolvidas na região Sudeste. O Nordeste possui 30% da população brasileira, entretanto deve-se levar em conta que nesta região a população rural é ainda predominante.[5] Adicionando-se as populações das capitais nordestinas, obtêm-se 3.860.475 habitantes, ou seja, uma população inferior à da cidade do Rio de Janeiro (4.315.746 habitantes). Qual é entretanto a relação entre religião-urbanização-industrialização? O recenseamento de 1970 sugere algumas respostas:

Religião	Zona Urbana	Zona Rural
Católicos	46.750.126	38.721.896
	(54,7%)	(45,3%)
Protestantes	3.065.834	1.748.894
	(63,7%)	(36,3%)
Espíritas	1.000.242	178.051
	(84,9%)	(15,1%)

Observa-se que a religião espírita floresce sobretudo na zona urbana, Apesar de o recenseamento não diferenciar os kardecistas dos umbandistas, esta primeira indicação é significativa: ela denota o grau de urbanização da prática umbandista. As estatísticas sobre o culto da Umbanda no Brasil reforçam este ponto de vista:

Região	% População Umbandista[6]
Norte	0,12
Nordeste	5,14
Sudeste	80,71
Sul	12,70
Centro-Oeste	1,33

Observa-se que a repartição dos adeptos umbandistas se processa de acordo com o eixo de urbanização e industrialização. As regiões Sul e Sudeste agrupam a quase totalidade dos fiéis, ou seja, 94%. Só os Estados do Rio de Janeiro (ex-GB),

5. Ver Manuel Correia de Andrade, *Geografia Econômica do Nordeste,* São Paulo, Atlas, 1974.
6. "Culto Umbandista", IBGE, 1969.

RENATO ORTIZ

São Paulo, Minas Gerais e Rio Grande do Sul concorreram com uma população umbandista de respectivamente 29,5%, 32,2%, 11,6%, 12,7% — ou seja, 85% do total.[7] A desigualdade do desenvolvimento sócio-econômico se traduz por uma participação desigual de fiéis.

Confirma-se desta maneira a correlação Umbanda-urbanização-industrialização; não é por acaso que o universo religioso umbandista está impregando desta racionalidade de origem citadina. Na realidade o mundo sagrado é uma forma de adequação ao "estilo de vida urbano". Cândido Procópio já havia estabelecido em seu estudo uma relação entre o desenvolvimento das religiões mediúnicas (Kardecismo e Umbanda) e a rapidez de transformação da metrópole paulista. Situando-se no nível psicossocial, ele afirma que as religiões mediúnicas "constituiriam uma alternativa possível no processo de adaptação das personalidades às exigências da vida urbana".[8] Os ritos e os valores religiosos forneceriam então aos indivíduos um universo coerente para afrontar o tipo de vida da moderna sociedade. No decorrer do nosso estudo veremos que este processo de racionalização do mundo se desenvolve em diferentes níveis religiosos; ele é fruto de uma camada de intelectuais de origem marcadamente urbana.

Crescimento da Religião Umbandista

Não existindo dados seguros sobre o número de tendas ou de adeptos umbandistas, pode-se entretanto concluir, manipulando os dados de forma indireta, que o crescimento da religião é uma realidade. Existem duas fontes relativas ao desenvolvimento da Umbanda: os dados fornecidos pelo IBGE e as declarações dos dirigentes umbandistas. Examinemos primeiro as declarações de alguns líderes religiosos. Cavalcanti Bandeira fornece três estimativas ao longo de doze anos: a) 1961 — 50.000 centros umbandistas no Brasil: 12.000 em São Paulo, 7.500 no Rio

---

7.   *Ibid.*
8.   Cândido Procópio de Camargo, *Kardecismo e Umbanda,* p. 97.

QUADRO SÓCIO-HISTÓRICO 55

(ex-GB), 8.500 em Minas Gerais.[9] b) 1970 — 80.000 centros no Brasil: 20.000 no Rio (ex-GB), 10.000 no Estado do Rio, 16.000 em São Paulo, 18.000 no Rio Grande do Sul.[10] c) 1973 — 28.000 no Rio (ex-GB), 45.000 no Estado do Rio, 28.000 no Rio Grande do Sul, 32.000 em São Paulo, 12.000 em Pernambuco.[11] Estas estimativas estariam corretas?

Segundo Bandeira, a população umbandista de São Paulo cresce em dez anos de 25%, e em três anos de 100%! No período de 1970 a 1973 a população quadruplica no Estado do Rio de Janeiro! As estimativas propostas se baseiam entretanto na pura avaliação pessoal do desenvolvimento da religião. Os líderes religiosos exageram na avaliação, chegando a afirmar a existência de mais de 50.000 terreiros em São Paulo[12] ou mais de 100.000 tendas no Brasil.[13] Trata-se porém de cifras imaginárias que não traduzem corretamente o desenvolvimento real da religião.

Por outro lado, os dados do IBGE situam-se bastante aquém das expectativas umbandistas. Embora eles provenham de uma fonte oficial, são incompletos devido às falhas consideráveis do processo de coleta. Na tabela abaixo, calculamos, a partir dos dados oficiais, a taxa de crescimento da religião umbandista entre 1964-1969:

Ano	Umbandistas	Taxa	Kardecistas
1964	93.395	100%	714.123
1965	105.850	113%	732.784
1966	185.442	198%	758.209
1967	240.088	257%	639.673
1968	256.603	274%	644.322
1969	302.952	324%	633.386

Até 1966, a Umbanda não era considerada pelo IBGE como uma religião, mas como um conjunto de crenças supersticiosas. Seus adeptos eram classificados como kardecistas. A partir de

9. Bandeira, *Umbanda, Evolução Histórico-Religiosa.* Apostila apresentada no II Congresso Umbandista, Rio de Janeiro, 1961, p. 19.
10. Bandeira, *O que é a Umbanda,* p. 83.
11. *Manchete,* 9/6/73.
12. *Ultima Hora,* 1/7/73.
13. *Jornal do Brasil,* 26/8/73.

56 RENATO ORTIZ

1966, a Umbanda se vê legitimada no nível oficial das estatísticas. Analisando-se o quadro acima, observa-se que em seis anos a religião cresce em 324%. Não se deve porém tomar esta taxa de crescimento como sendo o crescimento real do movimento religioso. Para o ano de 1963, quando não se diferenciavam ainda kardecistas e umbandistas, o número de espíritas era de 785.547.[14] Comparando-se com a tabela apresentada, constata-se que, na medida em que o número de umbandistas aumenta, o de kardecistas decresce. É portanto provável que, nos primeiros anos, parte dos umbandistas que se declaravam espíritas passem a declarar sua verdadeira crença religiosa. Por outro lado, é possível que aqueles que não se diziam umbandistas passem a fazê-lo desde que esta nova categoria religiosa apareça nos questionários do IBGE. A taxa de crescimento apresentada é portanto superior ao valor da taxa real de crescimento da religião.

Os melhores dados de que dispomos resultam de uma pesquisa que realizamos nos arquivos do IBGE no Rio de Janeiro.[15] Utilizando os questionários que servem de base para o levantamento de dados do IBGE, conseguimos obter a data de fundação declarada dos terreiros de Umbanda. Reproduzimos nos gráficos I, II, III, IV estes dados, relativos ao Rio (ex-GB) e aos Estados de São Paulo e Rio Grande do Sul, ou seja, 73% do movimento religioso.

Os gráficos apresentados mostram que o crescimento da religião umbandista é indiscutível; ele se realiza porém de forma diferenciada, variando de um Estado para outro. No Rio (ex-GB), o movimento se inicia mais cedo do que nos outros pontos e, por volta de 1952-53, ele atinge seu clímax. Em São Paulo o movimento desponta tardiamente — 1950; enquanto no interior do Estado observa-se um fraco desenvolvimento da religião, na capital a presença da Umbanda é nula. Isto confirma as pesquisas realizadas por Roger Bastide na capital paulista, por volta de 1946; estudando naquela época a macumba, o autor não consegue identificar nenhum traço da religião umbandista. O movimento

14. *Anuário Estatístico.* IBGE, 1965.
15. Maiores detalhes, referentes ao crescimento da Umbanda em São Paulo, podem ser encontrados em Renato Ortiz, *La Mort Blanche du Sorcier Noir* (anexos), tese de doutoramento, Paris, Sorbonne Nouvelle, 1975.

QUADRO SÓCIO-HISTÓRICO

umbandista é no Rio Grande do Sul quase que simultâneo ao do Rio (ex-GB); as razões são naturalmente de ordem histórica, visto que estes dois Estados são pioneiros no que diz respeito à Umbanda. Entretanto, o crescimento da religião é mais lento no Rio Grande do Sul do que no Rio de Janeiro. Provavelmente porque as condições de urbanização e industrialização se tenham desenvolvido mais no Rio de Janeiro; por outro lado, a tradição afro-brasileira sempre foi mais importante no Rio do que em Porto Alegre.

Analisando o gráfico V observa-se que o crescimento da religião umbandista se desenvolve sobretudo a partir de 1958. Os pontos permitem considerar a curva traçada entre 1959-1967 como uma reta de inclinação tag = 64. A rapidez e a uniformidade do crescimento neste período são impressionantes. Poder-se-ia afirmar que, a partir de 1967, existe uma tendência à diminuição deste ritmo de crescimento? Não acreditamos que o ponto 1968-9 seja suficiente para corroborar esta tese. Evidentemente o crescimento da religião deve se estabilizar, mas é provável que isto ocorra nos Estados onde a Umbanda se desenvolve há um certo tempo. O Estado do Rio (ex-GB) é um bom exemplo, pois a partir de 1953 observa-se um decréscimo no índice de crescimento da religião umbandista; a curva atinge portanto seu ponto de saturação. Entretanto não se deve esquecer que a religião umbandista cresce paralelamente à urbanização e industrialização; por outro lado o gráfico V não leva em consideração todos os Estados da Federação. Por isso podemos esperar que a Umbanda veja seu ritmo de crescimento se desenvolver em outros Estados onde o processo de urbanização e de industrialização se reproduz hoje com maior rapidez — por exemplo, Paraná e Minas Gerais.

Um último aspecto deve ser anotado: o ponto máximo do gráfico V situa-se entre os anos de 1966-1967, ou seja, após o II Congresso Umbandista (1961) do qual se originou uma grande difusão do movimento umbandista. Veremos, ainda, que o intervalo de 1958-1967 corresponde exatamente ao período de reconhecimento social da religião.

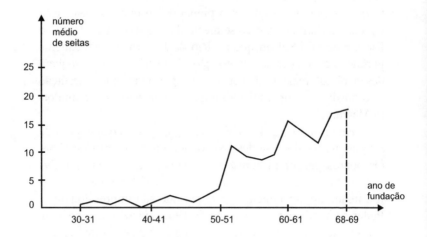

CRESCIMENTO DAS SEITAS UMBANDISTAS
Estado do Rio Grande do Sul

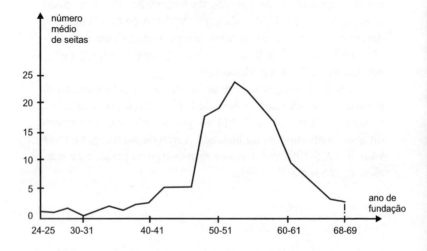

CRESCIMENTO DAS SEITAS UMBANDISTAS
Estado de Guanabara

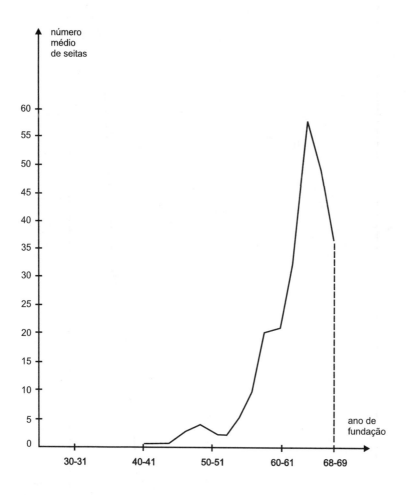

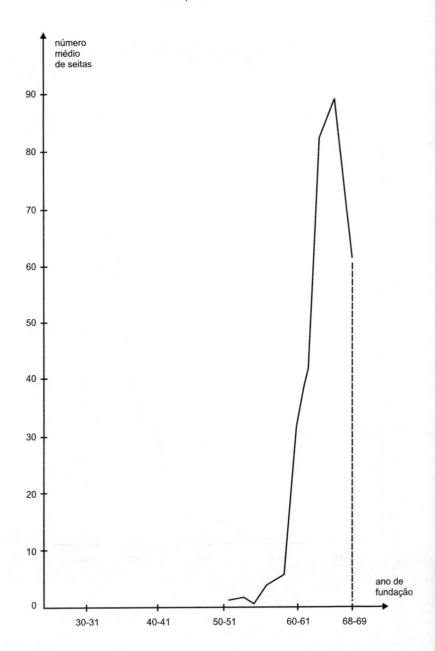

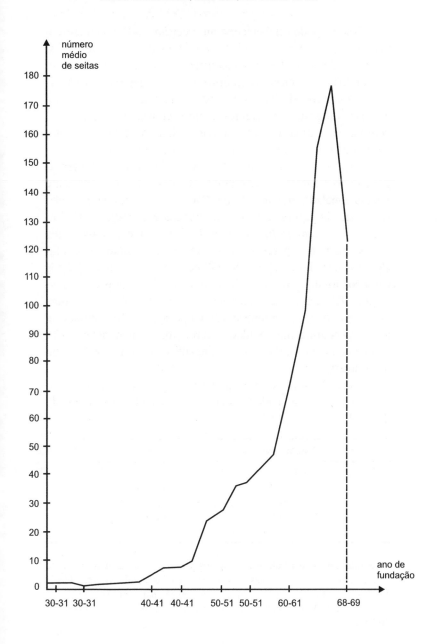

CRESCIMENTO DAS SEITAS UMBANDISTAS
Estado da Guanabara, São Paulo, Rio Grande do Sul

62   RENATO ORTIZ

Umbanda e Outras Religiões

Não se pode estabelecer com precisão a proporção entre o número de adeptos umbandistas e os fiéis das outras religiões. Os dados do IBGE foram tomados como amostra; neste sentido foi válido utilizá-los para demonstrar o crescimento e a distribuição regional da religião umbandista. Porém, compará-los agora aos dados absolutos referentes a outras crenças religiosas seria comprometer toda a análise desenvolvida. Pode-se entretanto, através de fontes indiretas, demarcar as fronteiras entre as diversas profissões de fé que atuam na sociedade brasileira. Observa-se primeiramente que a religião católica assiste seu contingente populacional diminuir a partir de 1940. No conjunto da população religiosa, ela agrupa 95% dos indivíduos em 1940; 93,4% em 1950; 91,7% em 1970. O ritmo de decréscimo torna-se mais intenso quando se percebe que a taxa de crescimento da população brasileira foi entre 1940-1950 de 26%, enquanto que a dos católicos foi de 24%. De 1950-1970 a população brasileira cresce em 79%, a população católica somente em 76%. Existe portanto uma tendência à diminuição da posição católica no que se refere ao contingente populacional religioso. A experiência confirma que uma parcela deste contingente é absorvida pelo grupo umbandista.[16]

Considerando-se a pequena amostragem da população umbandista, alguns dados podem ser assinalados para a cidade de São Paulo:[17]

Religião Anterior	% Adeptos
Católicos	81,5
Umbandistas	6,6
Espíritas	3,0
Protestantes	1,0
Sem religião	3,2

16. A respeito da distribuição dos adeptos religiosos, ver Cândido Procópio de Camargo, *Católicos, Protestantes e Espíritas,* Petropolis, Vozes, 1973.
17. Renato Ortíz e Paula Monteiro, "Contribuição para um Estudo Quantitativo da Religião Umbandista", in *Ciência e Cultura,* v. 28 (4), 1976, pp. 407-416.

QUADRO SÓCIO-HISTÓRICO 63

Observa-se que a maioria dos adeptos umbandistas provém do ramo católico: sobre um total de 590 pessoas interrogadas, 81,5% declararam o catolicismo como religião anterior. Embora somente 3% se tenham declarado espíritas, outras indicações permitem afirmar que o número de "conversões" kardecistas é bem mais importante. Por exemplo, a mesma pesquisa revelou que 8% dos umbandistas mudaram de religião por considerarem insatisfatórias as práticas espíritas. Ao que parece, ultimamente vários centros kardecistas têm se transformado em tendas umbandistas.

Os resultados de uma pesquisa realizada em 1958 no Rio de Janeiro junto às populações faveladas confirmam as tendências observadas para a cidade de São Paulo: [18]

Religião Professada	% Adeptos
Católicos	83,5
Protestantes	8,1
Espíritas	6,0
Sem religião	2,4

A pesquisa distingue entretanto níveis de prática religiosa, e os relaciona em seguida ao culto umbandista (espírita). A prática católica é a seguinte: 9,2% são praticantes, freqüentam a missa aos domingos e recebem a comunhão pascal; 6,8% são devotos, assistem à missa de forma irregular e comungam diversas vezes ao ano; 37,9% são praticantes fracos, assistem à missa com regularidade mas não comungam; 46% são indiferentes, participam somente das festas religiosas. Considerando-se estes grupos em relação à prática da Umbanda, temos: 5,3% dos praticantes, 25% dos devotos, 24,3% dos praticantes fracos e 31% dos indiferentes freqüentam o culto dos espíritos.

A prática protestante se mostra bem mais intensa do que a católica: 90,7% dos fiéis assistem regularmente ao culto e somente 7% freqüentam terreiros de Umbanda. Considerando-se que 93,5% dos espíritas assistem regularmente às sessões, constata-se que a prática umbandista é a que se desenvolve com maior força no seio desta população favelada.

---

18. Kloppenburg, *Umbanda no Brasil,* pp. 227-236.

64 RENATO ORTIZ

Uma conclusão importante pode ser tirada dos dados acima analisados: a religião católica é que se encontra na condição de maior fornecedora de clientes para o culto umbandista, seja através de conversões, seja por meio da dupla religiosidade. Isto coloca um problema de estratégia da Igreja diante deste novo culto que se desenvolve em escala nacional. Veremos no capítulo referente ao mercado religioso como ela aborda o problema da estratégia de mercado em diferentes momentos da evolução histórica da Umbanda.

Quadros Sociais da Religião

Afirma-se geralmente que a Umbanda é uma religião popular significando com isto que seus adeptos seriam quase que exclusivamente elementos da classe baixa. Seus clientes: operários desqualificados, empregadas domésticas, lavadeiras, enfim, aqueles que se encontrariam nos estratos inferiores da sociedade. A relação religião-classe parece ser tão fortemente marcada, que deu margem a interpretações equívocas: por exemplo, Roger Bastide descreve a Umbanda como religião proletária em oposição ao kardecismo; a luta de classes entre uma classe proletária emergente e as classes médias se reproduziria assim no nível simbólico.[19] Vimos entretanto que a religião umbandista nunca foi a expressão da classe proletária; desde seu nascimento a Umbanda é o resultado de um movimento dialético de embranquecimento e de empretecimento; neste sentido, a participação de uma liderança egressa das classes médias foi decisiva. Poder-se-ia pensar porém que elementos profissionais como advogados, médicos, engenheiros, militares, representariam somente uma elite dirigente das federações religiosas. Na verdade encontramo-nos na presença de uma penetração da religião umbandista cada vez mais forte nas camadas médias da população. Vários terreiros recrutam a maioria de seus adeptos e assistentes nas classes médias. Eles formam o que alguns jornais chamaram de "Umbanda para ricos", onde "tanto os médiuns como o quadro social são

19. Roger Bastide, "Le Spiritisme au Brésil", *op. cit.*

QUADRO SÓCIO-HISTÓRICO

compostos por médicos, industriais, advogados, autoridades civis e militares".[20] Observa-se desta forma a difusão da religião umbandista no seio de novas classes sociais que antes a consideravam com uma certa desconfiança. Alguns dados relativos à cidade de São Paulo precisam melhor a composição sociológica dos adeptos umbandistas:[21]

Categorias sócio-profissionais	% Indivíduos
Profissionais	0,5
Pequenos comerciantes	3,7
White collar	21,5
Trabalhador especializado	10,9
Trabalhador semi-especializado	7,6
Trabalhador não-especializado	20,9
Pessoas não-ativas	32,7
Sem resposta	2,2

Os trabalhadores especializados, semi-especializados e não-especializados totalizam 40,33% do contingente umbandista, o que indica a presença marcante das classes baixas na religião. Entretanto, uma parte considerável de adeptos (21,5%) pertence aos estratos médios e inferiores das classes médias, compondo-se principalmente de empregados de escritório e de comerciários. A categoria de pessoas não-ativas agrupa o maior número de fiéis, 32,7%; isto devido ao fato de que a maioria dos adeptos são do sexo feminino, sendo que as mulheres não têm geralmente nenhuma atividade fora do lar: sobre um total de 193 pessoas não-ativas, 128 são donas-de-casa.

Outra forma de verificar as relações entre a religião e os grupos sociais consiste em dispor espacialmente as tendas umbandistas num mapa geográfico que leve em consideração a distribuição do espaço segundo as classes sociais. Este processo, aplicado à cidade de São Paulo, considerada através de seus sub-distritos, oferece resultados interessantes.[22] Observa-se que existe uma correspondência entre o cinturão de classes popula-

20. *Notícias Populares,* 14/12/73.
21. Renato Ortiz e Paula Monteiro, *op. cit.*
22. Renato Ortiz, *La Mort Blanche.* ... pp. 83-87.

66 RENATO ORTIZ

res que envolve a periferia da cidade, e a concentração das tendas umbandistas. Na medida em que se passa dos bairros mais populares para os menos populares, a concentração do número de terreiros diminui. O elo entre religião e classe baixa aparece desta forma como dominante. Entretanto ele não é exclusivo; apesar de existir uma tendência das seitas umbandistas de se localizarem nas zonas mais pobres da cidade de São Paulo, constata-se que os terreiros se distribuem por toda a metrópole, abarcando uma parte considerável do espaço ocupado pelas chamadas classes médias inferiores.[23]

23. A distribuição espacial das classes em São Paulo pode ser encontrada em Delorenzo Neto, *O Município da Capital de São Paulo e a Região Metropolitana,* São Paulo, Série Estudos de Monografia, n. 2, 1967 (Fac. Osasco).

II. A RELIGIÃO

O Cosmo Religioso

Os Espíritos

A religião umbandista fundamenta-se no culto dos espíritos e é pela manifestação destes, no corpo do adepto, que ela funciona e faz viver suas divindades; através do transe, realiza-se assim a passagem entre o mundo sagrado dos deuses e o mundo profano dos homens. A possessão é portanto o elemento central do culto, permitindo a *descida* dos espíritos do reino da luz, da corte de Aruanda, que cavalgam a montaria da qual eles são os senhores. A idéia segundo a qual o neófito é o *cavalo* dos deuses, o receptáculo da divindade, é uma herança dos cultos afro-brasileiros, onde a possessão desempenha um papel primordial; nesses cultos a celebração das festas religiosas culmina sempre com a descida dos deuses africanos. Depois de dançar sob o ritmo incessante dos tambores, a filha-de-santo, tomada pela divindade, desmaia e cai no chão, marcando desta forma a morte de sua personalidade profana. Os outros participantes da comunidade religiosa retiram-na da sala de culto e levam-na para um compartimento sagrado do terreiro (sala do santo). Ali, o deus é vestido segundo as regras da tradição africana e alguns instantes mais tarde, montado em seu cavalo, ele vem dançar sob os olhos extasiados dos espectadores. Cada divindade paramenta-se segundo suas insígnias e características tradicionais: Oxum, deusa do amor, dança graciosamente agitando seu leque; Xangô, com

70 RENATO ORTIZ

seu machado de dois gumes, manifesta seu caráter guerreiro num transe mais violento.[1] A dança e o transe revivem, numa forma gestual, os símbolos e os mitos africanos que se repetem na descida de cada deus do panteão afro-brasileiro. Um exemplo retomado de Roger Bastide ilustra bem este aspecto da repetição dos mitos através do transe.[2] Uma lenda conta que Xangô, deus do trovão, tinha três mulheres: Iansã, Oxum e Obá, das quais Oxum era a favorita. Um dia Obá pede a Oxum o segredo que fazia com que Xangô a considerasse sempre como mulher preferida. A maliciosa deusa do amor, escondendo seu rosto mentiroso por detrás de um lenço, contou-lhe que havia cortado uma orelha para cozinhá-la no caruru de Xangô. Este, comendo o fetiche, ligou-se a ela para sempre, numa aliança de caráter erótico. Obá, acreditando na mentira, corta sua orelha e segue as prescrições de Oxum. Quando Xangô prova seu prato preferido, enojado, chama Obá, que aparece com seu rosto desfigurado. Sua feiúra aumenta ainda mais a cólera do deus, que agora possuía novos argumentos para rejeitá-la de vez. Nos candomblés nagô, quando Obá desce no terreiro, ela dança com sua orelha tapada com um lenço; e se por acaso ela encontra alguma filha de Oxum, se precipita sobre esta e inicia uma briga infernal. Os gestos dos deuses reproduzem assim as histórias míticas.

Na Umbanda esta característica do transe regulamentado pela tradição africana — a repetição dos mitos, as aventuras e desventuras dos deuses — desaparece completamente. Por outro lado as divindades negras não descem mais, nem dançam alegremente lado a lado com os homens; elas são substituídas por espíritos que cavalgam o corpo dos médiuns. Ogum, deus da guerra, Oxóssi, deus da caça, cedem seus lugares aos caboclos Rompe-Mato e Arranca-Toco. As raízes africanas, seiva preciosa que alimenta a vida do candomblé, são cortadas e metamorfoseadas; os deuses evocarão daqui por diante simplesmente o nome das diferentes linhagens às quais os espíritos umbandistas pertencem. Analisaremos mais adiante a composição destas linhagens espirituais.

---

1. Para uma descrição de uma sessão de candomblé, ver Edson Carneiro, *Os Candomblés da Bahia,* Rio de Janeiro, Ouro, s.d.p.
2. Roger Bastide, *Les candomblés de Bahia,* Paris, Mouton, 1958, p. 176.

A RELIGIÃO 71

Em princípio existem quatro gêneros de espíritos que compõem o panteão umbandista; podemos agrupá-los em duas categorias: a) espíritos de luz: caboclos, pretos-velhos e crianças — eles formam o que certos umbandistas chamam de "triângulo da Umbanda";[3] b) espíritos das trevas — os exus. Esta divisão corresponde à concepção cristã que estabelece uma dicotomia entre o bem e o mal; enquanto os espíritos de luz trabalham unicamente para o bem, os exus, em sua ambivalência, podem realizar tanto o bem quanto o mal, mas representam sobretudo a dimensão das trevas.

Os caboclos são os espíritos de nossos antepassados índios que passaram depois da morte a militar na religião umbandista. Eles representam a "energia e a vitalidade"; podem-se encontrar facilmente estas características de arrojo no mimetismo do transe. A chegada de um caboclo vem sempre acompanhada de um grito forte que denota a energia e a força desta entidade espiritual: eles são espíritos indóceis rebeldes (traços do selvagem?) que batem fortemente os punhos cerrados contra o peito à guisa de saudação. Gostam de charuto e fumam muito durante as sessões religiosas. Os médiuns em transe encarnam assim a altivez e passeiam, cabeça erguida, numa atitude de orgulho e arrogância. Os caboclos são espíritos brasileiros que participam também de certos candomblés, principalmente os de origem banto; quando eles descem nesses cultos, são logo paramentados com arcos, flechas, penas, enfim, objetos que denotam a origem indígena. Na Umbanda este tipo de vestuário torna-se cada vez mais raro; é sobretudo nos dias de festas (por exemplo, a festa de Oxóssi) que encontramos alguns destes espíritos com cocares e penachos, simbolizando pálida e longinquamente os antepassados brasileiros. É interessante notar que, apesar de sua aceitação no candomblé, a integração dos espíritos de caboclo se realiza nestes cultos de uma forma periférica. Binon Cossard, que descreve o terreiro de Joãozinho da Goméia, insiste sobre a importância deste espírito, que é inegável; entretanto, observa-se, por exemplo, que ele não tem um dia da semana que lhe seja especialmente consagrado, como é o caso

---

3. Antônio Alves Teixeira Neto, *Umbanda dos Pretos 'Velhos,* Rio de Janeiro, Eco, 1965, p. 58.

72 RENATO ORTIZ

para os deuses africanos.[4] Enquanto cada orixá, ou grupo de orixás, é cultuado num dia da semana, e no domingo recelebram-se todos os orixás, os caboclos são excluídos deste circuito temporal de celebrações, como se existisse uma certa resistência da parte africana em aceitar integralmente esse elemento brasileiro. Para o culto umbandista o problema não se coloca, pois os deuses africanos são rejeitados e o caboclo torna-se um modelo espiritual indiscutível.

Pode-se perguntar se os espíritos de caboclo, tal como eles são conhecidos e celebrados na Umbanda, se originam realmente de uma raça ameríndia. Edson Carneiro parece ter razão quando insiste em que é sobretudo a imagem do índio, tal qual ela é concebida pela sociedade brasileira, que serve de fundamento para este estereótipo religioso.[5] O Romantismo brasileiro, movimento literário que se desenvolveu por volta dos meados do século XIX, foi o responsável pela difusão dessa imagem estereotipada onde encontramos a representação de um índio bom e valente, mas liberto dos traços de selvageria. Tratava-se na época de elaborar um modelo simbólico de nação para que se pudesse opor aos países estrangeiros um padrão de Estado recentemente independente. O Brasil acabava de libertar-se do jugo colonial português, o que tornava necessário fundamentar ideologicamente as raízes do país nascente.[6] O problema que se colocava era o seguinte: quem são os brasileiros? qual é sua raça de origem? A resposta foi fornecida pelos escritores românticos que transformaram o índio em modelo de brasilianismo. Aliás não poderia ter sido outra a solução engendrada, pois sendo o colonizador de origem portuguesa, só restava o negro como elemento a ser utilizado; mas seria impensável construir o símbolo da nacionalidade brasileira a partir da pessoa do escravo africano. Promovido ao grau de fundador da estirpe brasileira, o índio é entretanto despojado de seus caracteres selvagens: sua

---

4. Binon Cossard, *Contribution à l'Etudes des Candomblés au Brésil: Le Candomblé Angola,* tese de doutoramento, Paris, EGHE, 1970.

5. Edson Carneiro, *Ladinos e Crioulos,* Rio de Janeiro, Brasiliense, 1964, p. 143.

6. A respeito do Romantismo, ver Antônio Cândido, *Literatura e Sociedade,* São Paulo, 1965, Cia. Ed. Nacional.

A RELIGIÃO 73

luta contra o invasor branco é compreendida como uma revolta contra o colonizador português, uma etapa da resistência que teria por objetivo a independência da Colônia. Apreendido neste discurso literário, o índio torna-se símbolo de liberdade, mas ao mesmo tempo ele é amordaçado em sua própria revolta. Como a independência é um fato consumado, toda rebelião contra o mundo dos brancos torna-se a partir desta data um ato injustificável; o aprisionamento do caboclo coincide assim com a libertação da nação brasileira.

Sílvio Romero observou que o movimento Romântico não se limitou ao círculo estreito dos intelectuais mas, ao contrário, difundiu-se no conjunto da comunidade brasileira.[7] Com efeito, a imagem do índio, simbolizado pelo arco e flechas, não a encontramos mesmo em setores exteriores à religião. O carnaval é um bom exemplo desta assimilação nacional de um estereótipo fabricado pela ideologia romântica. Na Umbanda a figura do caboclo vestindo calças e camisas brancas, calçando tênis, impecavelmente limpos, é tão longínqua da imagem do verdadeiro indígena, que só nos restam os gestos estereotipados deste "antepassado brasileiro".

Os pretos-velhos são os espíritos dos antigos escravos negros que pela sua humildade tornaram-se participantes da "Lei de Umbanda". Quando eles descem, o corpo do neófito se curva, retorcendo-se como o de um velho esmagado pelo peso dos anos. Envolvido pelo espírito, o médium permanece nesta posição incômoda durante horas. Em deferência à idade dos pretos-velhos lhes é oferecido sempre um banquinho onde eles podem repousar da fadiga espiritual; ficam assim sentados, fumando calmamente o cachimbo que tanto apreciam. Falam com uma voz rouca, mas suave, cheia de afeição, o que transmite uma sensação de segurança e familiaridade àqueles que vêm consultá-los. Com a parte brasileira dominando assim a parte africana, pode-se observar uma oposição nítida entre o comportamento valoroso dos caboclos e a humildade dos pretos-velhos. O mimetismo do transe traduz fielmente esta superioridade do caboclo em relação ao preto-velho. Enquanto os espíritos fortes e arrogantes dos indí-

---

7. Sílvio Romero, *História da Literatura Brasileira,* Rio de Janeiro, 1943, José Olympio, t. III.

genas se manifestam sempre de pé, o invólucro material que envolve o transe dos pretos-velhos os obriga a se curvarem em direção ao solo, como se fosse aí seu verdadeiro lugar. Esta superioridade que se revela no nível motor pode algumas vezes provocar uma transferência de poder dentro da seita religiosa. Conhecemos uma tenda em São Paulo (Cambuci) onde o chefe espiritual do culto era possuído de uma forma tão profunda por um preto-velho, que todos os trabalhos eram dirigidos por seu sucessor, o qual era incorporado por um caboclo. Embora a sessão se desenrolasse sob a proteção espiritual do preto-velho, Pai João, sentado no fundo da sala, encontrava-se realmente distanciado do culto, e era Caboclo Itamarati quem se dirigia à assistência, admoestava ou recompensava o comportamento dos cavalos. O caboclo usurpava assim a autoridade do espírito do antigo escravo, esmagado pelo peso de sua divindade.

Foi a história brasileira, isto é, a história escrita pelos historiadores que estabeleceu a idéia de superioridade do índio sobre o negro, pois atribuiu-se somente aos indígenas a aptidão de se revoltarem contra a escravidão dos brancos.[8] Deste modo, enquanto o índio é visto como aquele que se revolta contra a forma de trabalho escravo, ao negro se associa o estereótipo da aceitação passiva do sistema escravocrata. Preso a uma sociedade de castas, onde a mobilidade social é ínfima, o negro, para se fazer reconhecer socialmente, não tem outra alternativa senão a de aceitar a única imagem positiva que a sociedade lhe oferece: a humildade. Ao mau trato que o senhor de engenho lhe inflige ele deve responder pela compreensão e pelo amor: graças a esta malícia dos fracos ele se vê recompensado pelo Senhor Deus. Na Umbanda não há lugar para os negros quilombolas que se insurgiram contra o regime escravocrata; como a memória coletiva umbandista coincide com os valores dominantes da sociedade brasileira, ela somente conserva os elementos que estão em harmonia com esta mesma sociedade.

Se os espíritos de caboclos celebram o homem adulto, o dos pretos-velhos, a velhice, as crianças, como o seu nome indica, introduzem no ciclo da vida o momento da infância. Elas representam a idéia de pureza e inocência, e dão ao culto umban-

---

8. Sobre a superioridade do índio, ver Gilberto Freyre, *op. cit.*

A RELIGIÃO 75

dista uma dimensão de alegria e folguedo. Quando os espíritos das crianças descem, os médiuns adotam as atitudes de uma criança que ainda não sabe andar; engatinham pelo chão, choram, chupam o dedo e falam num linguajar infantil. Nesse momento os auxiliares do culto lhes oferecem bonecas, brinquedos, apitos, objetos com os quais eles brincam alegremente uns com os outros. Freqüentemente a assistência lhes oferta bombons, balas, doces, que eles comem avidamente com um prazer infantil. Os espíritos de crianças derivam em parte da noção de *erê*, bem conhecida no mundo dos candomblés. Nos cultos afro-brasileiros tradicionais o erê não é um orixá particular, mas um estado intermediário do transe que acompanha a manifestação de cada divindade.[9] Ele desempenha um papel importante no decorrer dos ritos de iniciação das iaôs, pois este estado menos violento do transe "permite ao fiel enfrentar, no plano físico, as penosas condições da reclusão. Do ponto de vista psicológico a desconexão da afetividade em relação à vida normal cria um estado eufórico libertado de toda e qualquer preocupação de parte do iniciante. A redução da carga afetiva permite assim ignorar a noção do tempo. As provas ritualísticas, de natureza desconhecida, se realizam sem nenhum estado de angústia ou apreensão".[10] Este estado de insensibilização, no qual se encontram as iaôs no momento de sua iniciação, acha-se intimamente associado a um tipo de comportamento infantil. As filhas-de-santo, encerradas no quarto de reclusão, se distraem com uma série de brinquedos infantis; "aí se encontram carrocinhas de metal, pedras coloridas, pincéis, lápis de cor. Os muros da camarinha são recobertos por rabiscos e desenhos iguais àqueles que as crianças têm o hábito de fazer".[11] A idéia de *erê* foi confundida com o culto dos gêmeos (ibejis) e possibilitou o nascimento, nos candomblés bantos, de um novo tipo de orixá: os erê-ibejis.[12] Este orixá tem uma existência autônoma, possui seus adeptos, e no calendário

---

9. A respeito do *erê* enquanto um estado intermediário do transe, ver R. Bastide, *Les Candomblés de Bahia.*
10. Binon Cossard, *op. cit.,* p. 165.
11. Descrição de Arlindo Silva, "Os Deuses Sanguinários", in *O Cruzeiro,* citado por R. Bastide, *Les Candomblés de Bahia,* p. 180.
12. A expressão "erê-ibeji" é de Roger Bastide, *ibid.,* p. 183.

religioso ele é homenageado no dia 27 de setembro, dia de São Cosme e Damião. Na Umbanda as crianças são espíritos individualizados, e a noção de um estado intermediário do transe se perdeu completamente. A equação religiosa tornou-se mais simples: erê = ibejis = crianças.

As relações que se estabelecem entre os espíritos de crianças, caboclos e pretos-velhos reproduzem a linha de separação entre a infância e o mundo adulto. Na realidade, apesar de sua natureza sagrada, as crianças têm um papel pouco importante nas sessões de consultas, sendo estas reservadas principalmente às entidades mais velhas. Certamente os umbandistas não afirmarão que as crianças não podem participar das consultas; trata-se no fim das contas de elementos que possuem uma dimensão divina; entretanto eles dirão que estes espíritos são ainda *infantis*. Por isso eles se distanciam discretamente dos trabalhos espirituais, pois sabe-se que uma criança não deve trabalhar. Estes espíritos associam-se então a certos ritos de purificação, pois a vida é freqüentemente maculada pelo contágio com o mal. Assim, para *limpar* o terreiro depois de uma descida dos exus, chamam-se algumas vezes as crianças, que com seus sorrisos e folguedos inocentes purificam um possível resíduo do mal que esteve há pouco presente na forma de um espírito das trevas.

O universo umbandista opera essencialmente com quatro gêneros de espíritos que são os modelos de toda e qualquer individualidade espiritual. A cada estereótipo corresponde um número infinito de entidades particulares, possuindo, cada qual, uma personalidade própria, que se identifica através do nome. Por exemplo, Caboclo Urubatão, Caboclo Pedra-Preta, Caboclo Ubirajara, são espíritos que pertencem ao gênero caboclo. Pai Joaquim, Pai João de Angola, são manifestações específicas da forma Preto-Velho. As crianças terão nomes como Luizinho, Zezinho, Tupãzinho etc. Apesar da extensão deste panteão espiritual, ele se mostra extremamente simplificado em relação aos cultos afro-brasileiros; o transe não se desenvolve mais segundo a individualidade mítica de cada deus, mas de acordo com esses quatro modelos espirituais. Em termos lógicos pode-se dizer que o sistema religioso ganha em extensão; ele perde porém em compreensão, tornando-se muito menos complexo. Esta diferença em relação ao candomblé tem conse-

A RELIGIÃO 77

qüências importantes no nível do comportamento mediúnico; vimos que nos cultos afro-brasileiros a possessão é perfeitamente regulada pelas tradições
míticas africanas; entretanto este aspecto se transforma radicalmente na Umbanda. Os esquemas motores umbandistas são muito genéricos pois são compostos exclusivamente de termos abstratos: caboclo — força, preto-velho — humildade, criança — inocência. Como não existe uma trama mítica que articule esses modos de possessão, um maior grau de arbitrariedade se inscreve no comportamento mediúnico; qualquer significado passa a ser permitido dentro do significante (esquema motor) escolhido. Em relação ao transe pelos deuses africanos isto implica uma libertação da pessoa do quadro formal das relações míticas, conferindo à possessão uma medida considerável de individualização. Na realidade, na Umbanda, a personalidade espiritual que se destaca através do nome é uma personalidade vazia; quem são, por exemplo, Caboclo Urubatão ou Pai Joaquim? Eles simplesmente representam uma massa anônima de índios e negros que participaram da formação da sociedade brasileira. A indeterminação do modelo religioso permite desta forma ao adepto uma margem de manobra pessoal mais elástica onde sua individualidade pode se desenvolver. Resulta disso que a personalidade espiritual é sobretudo a personaliade do médium que a encarna. Dois caboclos de mesmo nome não terão jamais as mesmas atitudes ou o mesmo comportamento por não participarem da mesma tradição mítica: atrás da máscara estereotipada o que se encontra sempre é o anonimato da história. Pode-se então concluir que paralelamente a uma despersonalização do cosmo religioso afro-brasileiro (os deuses se transformam em espíritos indeterminados) se desenvolve na Umbanda a personalização do transe; recusando a rigidez dos esquemas míticos, a individualização pode se expandir na indeterminação dos espíritos históricos. Numa sociedade onde o indivíduo é fortemente valorizado, esta nova forma de comunicação com o sagrado nos parece mais adequada do que a anterior. Entretanto, embora ocorra este movimento de personalização do transe, ele está longe de coincidir com a individualização total, que se manifesta no espiritismo de Allan Kardec. Conservando os estereótipos que informam a possessão, a Umbanda se situa a meio caminho entre os cultos afro-brasileiros e o espiritismo.

78 RENATO ORTIZ

A Teoria das Linhas

Uma vez conhecidos os espíritos que compõem o universo umbandista, passemos à organização dessas entidades dentro do cosmo religioso. Um problema de escolha se coloca de início: visto que não existe uma classificação espiritual unanimemente aceita pelos teóricos, qual delas utilizar? A resposta pode ser dada facilmente se considerarmos que, apesar da alternância dos elementos no interior das classificações, a estrutura religiosa permanece fundamentalmente a mesma. Isto permite uma certa arbitrariedade na escolha daquela que nos parece ser representativa do pensamento umbandista. À guisa de descrição da organização espiritual, consideraremos a classificação estabelecida por Matta e Silva.[13] A razão desta escolha é que o autor conseguiu, melhor do que os outros teóricos religiosos, racionalizar o universo espiritual de forma coerente e profunda. As informações provenientes de outros autores serão consideradas, na medida em que elas esclarecem o quadro teológico da religião.

O Universo umbandista é monoteísta e se fundamenta na "existência de um Deus único, onipotente, sem representação possível"[14] que recebe diferentes denominações: Olorum, Zambi, ou simplesmente Deus, como é conhecido pelos católicos. Este Deus tem por única função estabelecer os fundamentos da religião e a existência do mundo; uma vez desempenhada esta tarefa, ele é rapidamente esquecido, pois o culto é dedicado exclusivamente aos espíritos subordinados a Olorum. Neste sentido o pensamento umbandista se aproxima da concepção africana de Deus supremo, onde este, embora seja adorado sob formas diferentes, se encontra na realidade afastado dos afazeres e das necessidades humanas.[15] O mundo dos homens é governado pelos orixás, espíritos que administram o universo segundo a divisão mítica de trabalho (Ogum — ferro; Oxum — água doce etc).

---

13. Matta e Silva, *Umbanda de Todos Nós,* Rio de Janeiro, Freitas Bastos, 1969.
14. Cavalcanti Bandeira, *O que é a Umbanda,* p. 99.
15. Geoffroy Parrinder, *La Religion en Afrique Occidentale,* Paris, Payot, 1950, p. 42.

A RELIGIÃO 79

Tanto Olorum, divindade ioruba, quanto Zambi,[16] deus banto, são elementos que na África se excluem de qualquer contato com a realidade humana; eles permanecem numa esfera exterior ao universo profano e somente aos orixás, forças sagradas, é conferido o poder de estabelecer a mediação entre os dois compartimentos estanques da mitologia africana. Distanciando-se dos problemas humanos, o Deus supremo é esquecido pelos homens; desta forma, somente as forças intermediárias é que são cultuadas através dos ritos. Esta concepção de Deus é análoga à que se observa no catolicismo popular, onde os santos são vistos como intermediários entre o sagrado e o profano; estando mais perto dos homens, eles recebem um culto particular que muitas vezes ofusca o próprio criador do mundo.

Em termos análogos ao catolicismo, os umbandistas concebem a existência de uma trindade formada por Obatalá-Oxalá-Ifá.[17] Obatalá é o Pai, Oxalá o Filho e Ifá (Orixá do destino nos cultos afro-brasileiros), o Espírito Santo. A trindade umbandista nada mais é do que uma réplica da trindade católica; não tem nenhum papel importante no universo religioso, mas indica o grau de legitimidade da religião católica que serve aqui de modelo ao pensamento umbandista. Outros autores estabelecem correspondências diferentes entre a posição na trindade e os deuses africanos; trata-se porém, na maior parte das vezes, de interpretações pessoais da legitimidade do catolicismo.[18]

Abaixo de Olorum vêm as *linhas* de Umbanda, que são grandes exércitos de espíritos que obedecem a um chefe (Orixá); estes espíritos teriam no espaço uma missão, uma tarefa, uma função.[19] A noção de tarefa, função, é assinalada também no pensamento de Allan Kardec, para quem "os espíritos são ministros de Deus, agentes de sua vontade, e é através deles que Deus

16. A respeito de Zambi, ver Mário Milheiro, *Etnografia Angolana*, IICA, Angola, 1967, e Parrinder, *ibid.*
17. Oliveira Magno, *Umbanda e Ocultismo*, Rio de Janeiro, Espiritualista, 1952.
18. Por exemplo, M. Helena Farelli concebe a trindade formada por Tupã-Oxalá-Iemanjá, *As 7 Forças da Umbanda*, Rio de Janeiro, Eco, 1972, p. 67. Observa-se que existe aqui uma tendência em colocar Tupã, deus índio, acima dos orixás africanos.
19. Lourenço Braga, *Umbanda, magia branca, Quimbanda, magia negra*, Rio de Janeiro, Borsoi, 1956, p. 17.

80 RENATO ORTIZ

governa o mundo".[20] Existe portanto um paralelismo entre esta concepção espiritual do mundo e a que se verifica na mitologia africana, onde cada compartimento do universo pertence a um Orixá específico: por exemplo, Iemanjá é o mar, Oxum o rio. Kardec afirma explicitamente que sua idéia do mundo dos espíritos "se encontra, sob formas diversas nas crenças de todos os povos, de todas as idades, mas com a diferença de que certo atributos temporários foram transformados em seres distintos".[21] Kardec se fundamenta então na história dos homens para estabelecer sua teoria espiritual; o que ele critica nas cosmologias míticas é a imobilidade das forças espirituais que se vinculam a determinados compartimentos da natureza. Para ele um espírito, durante seu aprendizado místico, percorre as diferentes ordens físicas e morais, mas uma vez terminada esta instrução espiritual, ele poderá desempenhar outras funções. As linhas umbandistas rompem com a concepção africana de um mundo regido pelas forças da natureza, mas elas permanecem aquém da perspectiva kardecista, pois cada linha é imóvel e divide o mundo em partes que lhe são correspondentes. Existe assim uma afinidade entre Oxalá e o sol, mas não se poderá mais afirmar: Oxalá *é* o sol.[22] Segundo Matta e Silva existem sete linhas na Umbanda:[23]

---

20. Allan Kardec, *Le livre des Esprits,* Paris, Lib. Spirite, 1857, item 66.
21. Allan Kardec, *ibid.*
22. Na realidade, em país Yorubá, Oxalá não é o sol (que é Orum), mas o deus da criação do mundo; entretanto na Umbanda existe uma correspondência entre esta divindade e o sol. A correlação entre esses dois termos não se processa porém no nível da essência, do fundamento de um compartimento qualquer da natureza, mas exprime simplesmente uma associação do tipo que se encontra nos horóscopos. Matta e Silva dá as seguintes correspondências, entre as "linhas" e os astros:

Oxalá	— Sol	Ogum	— Marte
Iemanjá	— Lua	Oxóssi	— Vênus
Xangô	— Júpiter	Crianças	— Mercúrio
	Pretos-Velhos	— Saturno	

A relação Oxalá — Sol é de natureza heliocêntrica, ocupando Jesus o centro do sistema.
23. Matta e Silva, *op. cit.,* p. 59. O número 7 é um número cabalístico, ele encerra os segredos (mirongas) da Umbanda. Pode-se observar neste caso as influências do ocultismo europeu e do Velho Testamento. Ver Maria Helena Farelli, *op. cit.*

A RELIGIÃO

1. Linha (ou Vibração) de Oxalá
2. Linha (ou Vibração) de Iemanjá
3. Linha (ou Vibração) de Xangô
4. Linha (ou Vibração) de Ogum
5. Linha (ou Vibração) de Oxóssi
6. Linha (ou Vibração) das crianças
7. Linha (ou Vibração) dos pretos-velhos

Cada "linha" é composta de sete legiões, dirigidas por sete Orixás principais que não "descem", isto é, não se manifestam no corpo dos adeptos. São eles:

a) *Linha de Oxalá*

1. Caboclo Urubatão
2. Caboclo Ubirajara
3. Caboclo Ubiratã
4. Caboclo Aymoré
5. Caboclo Guaracy
6. Caboclo Guarany
7. Caboclo Tupy

b) *Linha de Iemanjá*

1. Cabocla Yara
2. Cabocla Indayá
3. Cabocla Nanã-Burucu
4 Cabocla Estrela do Mar
5 Cabocla Oxum
6 Cabocla Iansã
7 Cabocla Sereia do Mar

c) *Linha de Xangô*

1. Xangô Kaô
2. Xangô 7 Montanhas
3. Xangô 7 Pedreiras
4. Xangô Pedra Preta
5. Xangô Pedra Branca
6. Xangô 7 Cachoeiras
7. Xangô Agodô

d) *Linha de Ogum*

1. Ogum de Lei
2. Ogum Yara
3. Ogum Megê
3. Ogum Rompe-Mato
5. Ogum Malê
6. Ogum Beira-Mar
7. Ogum Matinata

e) *Linha de Oxóssi*

1. Caboclo Arranca-Toco
2. Cabocla Jurema
3. Caboclo Araribóia
4. Caboclo Guiné
5. Caboclo Arruda
6. Caboclo Pena-Branca
7. Cabloco Cobra-Coral

f) *Linha das crianças*

1. Tupãzinho
2. Ori
3. Yariri
4. Doum
5. Yari
6. Damião
7. Cosme

g) *Linha dos pretos-velhos*

1. Pai Guiné
2. Pai Tomé
3. Pai Arruda
4. Pai Congo de Aruanda
5. Maria Conga
6. Pai Benedito
7. Pai Joaquim

Duas observações podem ser feitas a respeito desta classificação espiritual. Primeiro, o fato de se encontrarem lado a lado

A RELIGIÃO

nomes indígenas, africanos e portugueses: no nível semântico tem-se uma primeira indicação do brasilianismo da religião umbandista. Segundo, a pluralidade dos Xangós e dos Oguns, o que denota uma continuidade com a tradição afro-brasileira, onde cada orixá se manifesta sob múltiplas formas, por exemplo, Xangô Agodô (Xangô velho) e Xangô Aganju (Xangô moço).[24]

A cosmologia umbandista é porém muito mais complexa, pois cada legião se subdivide em sete falanges, cada falange em sete subfalanges, e assim por diante. Na parte inferior deste exército tentacular de espíritos encontramos os *guias* e os *protetores*. Vejamos como se estabelece a comunicação entre o mundo sagrado dos orixás e o universo profano dos homens. Um intelectual umbandista se refere a este respeito da seguinte forma: "O Orixá, pela sua vibração, influi na sua falange, dentro de sua linha, num mensageiro espiritual que é o guia, o qual incorpora num instrumento — o médium — para o trabalho a executar".[25] Portanto, contrariamente aos cultos afro-brasileiros, na Umbanda os orixás não descem, eles se transformam em essências sagradas que transmitem seus atributos a outros executantes, por exemplo, os guias. Aluísio Fontenelle explica de forma bastante original por que os orixás se distanciam dos homens; para ele, estas divindades "não vêm nunca à terra por considerá-la o mais ínfimo dos planetas, por ser o lugar onde o aperfeiçoamento espiritual ainda está atrasadíssimo, e, por isso, enviam seus auxiliares, que são enviados diretos, os intermediários entre o plano astral superior e a Terra, o plano inferior.[26] Os deuses afro-brasileiros são então interpretados dentro de uma nova perspectiva religiosa, eles perdem suas características míticas e se transformam em essências sagradas; somente o nome africano é conservado.

---

24. Ver R. Bastide, *Les Candomblés de Bahia,* e *Le Batuque de Porto Alegre,* The University of Chicago Press, 29th International Congress of Americanistes, v. II, 1932, pp. 195-206.
25. Cavalcanti Bandeira, *op. cit.,* p. 116.
26. Aluísio Fontenelle, *O Espiritismo no Conceito das Religiões e a Lei da Umbanda,* Rio de Janeiro, s.d.p., Espiritualista, p. 63.

84   RENATO ORTIZ

	Oxalá	Iemanjá	Xangô	Ogum	Oxóssi	Crianças	Pretos-Velhos
Oxalá	Caboclo Urubatão	Caboclo Ubirajara	Caboclo Aymorá	Caboclo Guaracy	Caboclo Guarany	Caboclo Ubiratã	Caboclo Tupy
Iemanjá	Cabocla Estrela do Mar	Cabocla Yara	Cabocla Iansã	Cabocla Sereia do Mar	Cabocla Oxum	Cabocla Nanã-Burucu	Cabocla Indayá
Xangô	Xangô Pedra Branca	Xangô 7 Pedreiras	Xangô Kaô	Xangô 7 Montanhas	Xangô 7 Cachoeiras	Xangô Agodô	Xangô Pedra Perta
Ogum	Ogum Matinata	Ogum Yara	Ogum Beira-Mar	Ogum de Lei	Ogum Rompe-Mato	Ogum Megê	Ogum Malê
Oxóssi	Oxóssi Arruda	Oxóssi Pena-Branca	Oxóssi Araribóia	Oxóssi Cobra-Coral	Oxóssi Arranca-Toco	Oxóssi Jurema	Oxóssi Guiné
Crianças	Yariri	Ori	Doum	Yari	Damião	Tupãzinho	Cosme
Pretos-Velhos	Pai Tomé	Pai Arruda	Maria Conga	Pai Benedito	Pai Joaquim	Pai Congo de Aruanda	Pai Guiné

Quadro I — Composto por M. L. Pagliuchi, *Le Spiritisme d'Umbanda*, memória feita na Universidade de Lovaina, 1970, p. 92.

A RELIGIÃO   85

Pode-se observar que na criação da cosmologia religiosa existe da parte do pensamento umbandista um esforço constante de despersonalização do universo religioso afro-brasileiro. Como já havíamos notado a respeito do transe, encontra-se neste processo de racionalização dos símbolos religiosos uma oposição entre as linhas e os deuses individualizados do candomblé. Os orixás não são mais os heróis das histórias míticas, nem mesmo se ocupam dos homens, pois são impedidos, pela nova ideologia religiosa, de descer sobre o corpo de seus cavalos. Não é por acaso que alguns umbandistas tentam gradativamente substituir a palavra linha pelo termo *vibração,* evocando este último um significado mais abstrato.

O universo umbandista não é porém estático, as linhas formam redes de comunicação onde circulam as informações divinas. Cada linha é composta por um guardião e seis chefes de legiões, denominados *intermediários diretos,* que asseguram a intercomunicação sagrada com as demais vibrações. Os guardiães não são considerados como intermediários, seu papel é de preservar a unidade de cada linha. O quadro I mostra como se estabelece a comunicação dentro do espaço sagrado. A leitura deve ser feita pelo cruzamento de duas linhas diferentes. Por exemplo, cabocla Yara é a guardiã da linha de Iemanjá, na qual a cabocla Iansã é intermediária para a linha de Xangô, cabocla Oxum, intermediária para a linha de Oxóssi etc. A diagonal do retângulo é preenchida pelos guardiãs de cada linha, estes só podem comunicar-se com sua própria vibração.

Dentro deste emaranhado de linhas hierarquizadas, a ascensão espiritual se faz segundo o princípio kardecista da reencarnação sucessiva. Um manual umbandista declara a este respeito: "a reencarnação é um preceito divino do Pai, pelo qual Ele premia ou castiga, conforme o merecimento de cada um, pois que a reencarnação tem por finalidade o seguinte: o resgate de erros e crimes cometidos em existências anteriores, proporcionar a evolução do reencarnado, impor o desempenho de missões de grande importância na nova vinda à Terra".[27] Essa concepção da morte prolonga a tradição kardecista dentro do pensamento umbandista; com efeito, Allan Kardec se refere no Livro dos Espíritos a dois tipos de

27. Cândido Felix, *A Cartilha da Umbanda,* Rio de Janeiro, Eco, 1965, P. 26.

86 RENATO ORTIZ

reencarnações: a expiação e a encarnação missionária. Enquanto a última forma se manifesta excepcionalmente no caso de certos messias que são enviados à Terra para pregar a mensagem divina, o primeiro tipo, o da expiação, se aplica à maioria dos homens. Segundo Kardec, no princípio os espíritos eram "simples e ignorantes", Deus lhes deu, a cada um, uma missão por meio da qual eles poderiam se aperfeiçoar, e progressivamente se aproximar da presença divina. [28] A reencarnação funciona portanto como uma forma de aprimoramento espiritual, o caminho pelo qual os espíritos evoluem na direção de Deus, resgatando o "pecado original", elo primeiro de um ciclo infernal de vidas. Quais são entretanto as condições que fazem com que pecados e dívidas de existências anteriores possam ser resgatados? O mesmo responde: "todo aquele que souber empregar sua reencarnação, fazendo o bem aos seus irmãos, irá purificando o seu espírito até atingir a perfeição. Todos os irmãos que estiverem em tais condições, não mais reencarnarão, mas terão o mérito de serem incorporados às linhas de Umbanda. Esses não voltarão a se materializar. [29] A doutrina fornece desta forma o princípio que comanda a evolução espiritual; a caridade, o amor ao próximo, se transforma no elemento que fundamenta a práxis religiosa, visto que a prática caritativa é a única solução para se escapar ao ciclo reencarnacionista.

A Quimbanda

Kardec, quando empreendeu seu trabalho de racionalização do mundo dos espíritos, equacionou as diferenças do universo sagrado na forma de uma repartição tríplice: [30]

a) Espíritos puros — anjos, arcanjos e serafins.
b) Espíritos de segunda ordem — têm ainda que passar por certas provas.
c) Espíritos imperfeitos — caracterizados pela arrogância, orgulho e egoísmo.

28. Allan Kardec, *Le Livre des Esprits,* item 53.
29. Cândido Felix, *op. cit.,* pp. 26-27.
30. Allan Kardec, *op. cit.,* item 55.

A RELIGIÃO 87

O pensamento umbandista, de caráter acentuadamente dualista, estabeleceu um corte no segundo plano, simplificando esta hierarquia mística: a) Missionários do bem; b) Missionários do mal.[31] A esta divisão dicotômica entre bem-mal, reino das luzes—reino das trevas, corresponde, dentro do universo religioso, uma nova separação: 1) Umbanda — prática do bem; 2) Quimbanda — prática do mal.[32] A Umbanda se opõe desta forma à Quimbanda, que opera (em princípio) exclusivamente com espíritos imperfeitos que se situam nos confins da escala espiritual. Entretanto o mal é um dado da realidade, ele representa uma dimensão importante da vida quotidiana; o pensamento umbandista deve portanto levá-lo em consideração. O problema que se coloca é o de como interpretá-lo dentro do quadro religioso. A oposição entre reino das luzes—reino das trevas vai encontrar assim uma solução interessante no seio da linguagem sagrada. Os teóricos irão afirmar: "jamais se conheceria a grandiosidade do bem se, por outro lado, não se conhecesse, outrossim, os perniciosos efeitos do mal. O bem só existe para contrabalançar os efeitos do mal"[33]... ou então, "a Terra é um planeta de trevas, de expiaçao, de sofrimentos, por isso o mal predomina nos espíritos reencarnados neste mundo; somos imperfeitos, isto é, somos maus, orgulhosos, odientos, vaidosos, vingativos, ciumentos, invejosos, e temos faltas a redimir provindas das encarnações anteriores. Ora, para que sofrêssemos as conseqüências de nossos erros, era preciso existir o meio pelo qual viéssemos receber a paga de nossa maldade." [34] Diante da realidade insofismável do mundo dos homens, o mal é considerado um "mal necessário", ele é a contrapartida do bem, fonte e justificação da miséria humana.

Estabelecida a separação entre essas duas dimensões opostas do sagrado, resta ainda fundamentar a primazia do princípio do bem sobre o mal. Isto se faz segundo a teoria evolucionista

---

31. Teixeira Neto, *O Livro dos Médiuns de Umbanda,* Rio de janeiro, Eco, 1970, p. 78.
32. Aluísio Fontenelle, *op. cit.,* p. 77.
33. Teixeira Neto, *Umbanda dos Pretos-Velhos,* p. 31.
34. Lourenço Braga, *Umbanda, magia branca, Quimbanda, magia negra,* p. 26.

88 RENATO ORTIZ

kardecista, o que mostra que o abismo entre Umbanda e Quimbanda não é absoluto. "Com o progresso da Terra, a tendência do mal vai diminuindo até chegar a desaparecer definitivamente. Com este progresso, arrastaremos também aqueles irmãos da Quimbanda, e com eles, seu supremo chefe (Lúcifer), que um dia, já cansado de sofrer e praticar o mal, se arrependerá sinceramente, e será, por São Miguel Arcanjo, encaminhado na senda do progresso espiritual." [35] A teoria da evolução tece desta forma um liame de continuidade entre os pólos opostos; a fé comteana no progresso pressupõe que num futuro distante a marcha do bem triunfará definitivamente sobre o sofrimento.

A Quimbanda se apresenta portanto como a dimensão oposta da Umbanda, ela é sua imagem invertida; tudo que se passa no reino das luzes tem seu equivalente negativo no reino das trevas. Às sete linhas da Umbanda, correspondem as sete linhas da Quimbanda, comandadas pelos seguintes exus: [36]

1. Exu 7 Encruzilhadas
2. Exu Pomba-Gira
3. Exu Tiriri
4. Exu Gira-Mundo
5. Exu Tranca-Ruas
6. Exu Marabô
7. Exu Pinga Fogo

Cada Exu, no seu plano espiritual, comanda seis chefes de legiões; por outro lado eles se comunicam com as linhas da Umbanda, o que torna mais complexa a rede de mensagens divinas. Segundo Matta e Silva, a distribuição dos exus na Quimbanda é a seguinte:

a) *Correspondência com a linha de Oxalá:*
1. Exu 7 Encruzilhadas   — Caboclo Urubatão
2. Exu 7 Pembas   — Caboclo Ubiratã
3. Exu 7 Ventanias   — Caboclo Ubirajara
4. Exu 7 Poeiras   — Caboclo Guaracy

35. Lourenço Braga, *ibid.*
36. Matta e Silva, *op. cit.,* p. 266.

A RELIGIÃO

5. Exu 7 Chaves — Caboclo Aymoré
6. Exu 7 Capas — Caboclo Tupy
7. Exu 7 Cruzes — Caboclo Guarany

b) *Correspondência com a linha de Iemanjá:*
1. Exu Pomba-Gira — Cabocla Yara
2. Exu do Mar — Cabocla Oxum
3. Exu Maré — Cabocla Iansã
4. Exu Má-Canjira — Cabocla Sereia do Mar
5. Exu Carangola — Cabocla Estrela do Mar
6. Exu Gererê — Cabocla Nanã-Burucu
7. Exu Nanguê — Cabocla Indayá

c) *Correspondência com a linha de Xangô:*
1. Exu Gira-Mundo — Xangô Kaô
2. Exu Pedreira — Xangô Agodô
3. Exu Corcunda — Xangô 7 Montanhas
4. Exu Ventania — Xangô 7 Pedreiras
5. Exu Meia-Noite — Xangô Pedra Preta
6. Exu Mangueira — Xangô Pedra Branca
7. Exu Calunga — Xangô 7 Cachoeiras

d) *Correspondência com a linha de Ogum:*
1. Exu Tranca-Ruas — Ogum de Lei
2. Exu Tranca Gira — Ogum Yara
3. Exu Tira-Toco — Ogum Beira-Mar
4. Exu Tira-Teima — Ogum Matinata
5. Exu Limpa-Trilhos — Ogum Megê
6. Exu Veludo — Ogum Rompe-Mato
7. Exu Porteira — Ogum Malê

e) *Correspondência com a linha de Oxóssi:*
1. Exu Marabô — Caboclo Arranca-Toco
2. Exu das Matas — Caboclo Pena-Branca
3. Exu Campina — Caboclo Arruda
4. Exu Capa Preta — Caboclo Cobra-Coral
5. Exu Pemba — Caboclo Araribóia
6. Exu Lona — Caboclo Guiné
7. Exu Bauru — Cabocla Jurema

90 RENATO ORTIZ

f) *Correspondência com a linha das Crianças:* *
1. Exu Tiriri	— Tupãzinho
2. Exu Mirim	— Yariri
3. Exu Tiquinho	— Ori
4. Exu Ganga	— Yari
5. Exu Lalu	— Doum
6. Exu Veludinho	— Cosme
7. Exu Manguinho	— Damião

g) *Correspondência com a linha dos Pretos-Velhos:*
1. Exu Pinga-Fogo	— Pai Guiné
2. Exu Brasa	— Pai Arruda
3. Exu Come-Fogo	— Pai Tomé
4. Exu Alebá	— Pai Benedito
5. Exu Bara	— Pai Joaquim
6. Exu Lodo	— Pai Condo de Aruanda
7. Exu Caveira	— Pai Maria Conga

Em meio a este exército demoníaco, pode-se identificar alguns traços de origem africana. Por exemplo, Exu-Calunga, o kalungangombe que Oscar Ribas considera como um deus da morte; Exu-Bara, que Deoscoredes dos Santos assimila ao princípio de individualização na religião iorubá.[37] Por outro lado observa-se que vários adjetivos que qualificam o substantivo exu evocam a dimensão sinistra da magia negra: "corcunda", "capa", "caveira", "meia-noite". Uma primeira aproximação dos exus ao universo do estranho, do oculto, do maléfico, se realiza assim no nível semântico.

---

* O autor comete alguns erros nesta superposição de linhas. Ele considera Exu Tiriri em terceiro lugar na escala de comandantes de linhas, mas estabelece a correspondência entre este Exu e a sexta linha da Umbanda, isto é, a das crianças.
** Novamente outro erro de classificação. Comparando a correspondência dos exus à hierarquia dos pretos-velhos, nota-se que a simetria se encontra distorcida. É como se o esforço de racionalização desistisse de encontrar uma coerência para o universo da Quimbanda e se interessasse unicamente às linhas da Umbanda.
37. Deoscoredes dos Santos, "Exu Bara: principal of individual life in the Nagô system", in *Colloques internationaux du CNRS*, Paris, Ed. CNRS, 1973, pp. 45-60.

A RELIGIÃO

É interessante sublinhar ainda que, na classificação fornecida por Matta e Silva, os principais chefes das linhas quimbandistas coincidem com a própria vibração. Este detalhe, que poderia parecer insignificante, se reveste de uma grande importância; ele reforça a dependência dos espíritos das trevas às entidades de luz. Afirmando que "na Quimbanda não há o Um, a vibração original",[38] que se transmite aos chefes de legiões, o autor confirma a unidade do bem diante da pluralidade do mal. Analogamente ao hemisfério da Umbanda, na parte inferior deste batalhão satânico, encontram-se os espíritos refratários ao progresso espiritual; eles representam os miseráveis do espaço sagrado umbandista.

---

38. Matta e Silva, *op. cit.,* p. 269.

A Prática Umbandista

Classificar a grande diversidade de cultos é o problema que se coloca de início ao observador que aborda a religião umbandista. A multiplicidade da prática religiosa é tal que qualquer critério classificatório parece, à primeira vista, ineficaz. Entretanto, alguns teóricos da religião tentaram colocar uma certa ordem dentro deste universo caótico de ritos; Cavalcanti Bandeira, utilizando um modelo puramente descritivo, estabelece quatro categorias de rituais:[1]

a) Primeiro feitio ou Espiritualista — O uniforme não é obrigatório. O canto e a música são raros. Freqüentam-se raramente o mar e as cachoeiras. Não se aceitam imagens e pontos riscados.

b) Segundo feitio ou Ritualista — O uniforme é obrigatório. As sessões são sempre acompanhadas de palmas e curimbas. Praticam-se as obrigações (ida ao mar e às cachoeiras). Aceitam-se imagens, mas recusam-se os *assentos de orixás* (prática de fixação dos espíritos).

c) Terceiro feitio ou Ritmada — Além da ritualística anterior participam os instrumentos musicais de percussão: agogô, atabaques, ocasionalmente ou de modo permanente. Aceitam-se os assentos de orixá e o terreiro é algumas vezes preparado segundo preceitos africanistas.

---

1. Cavalcanti Bandeira, *O que é a Umbanda,* pp. 165-180.

d) Quarto feitio ou Ritualista e Ritmada — Utilização permanente dos instrumentos musicais. As vestes podem ser coloridas, apropriadas aos santos. As características dos preceitos africanistas são claras: em sua maioria têm terreiro preparado e assentos de orixá, por vezes consagração dos atabaques.

Para o autor, a classificação dos rituais depende da presença ou ausência de determinados elementos no culto. Por exemplo, a inexistência de tambores enquadra um ritual dentro da primeira categoria; enquanto a presença de vestes exuberantes o classifica na última categoria. Esta perspectiva, puramente etnográfica de abordar o problema, coloca porém outras dificuldades. Primeiro, seria necessário considerar quais são os elementos dominantes de cada categoria, o que já é em si mesmo bastante complicado; segundo, observa-se como os elementos dessas categorias se combinam entre si (hipótese que o autor não leva em consideração), o que multiplicaria o número de classes a serem obtidas. O critério etnográfico transforma o ritual numa massa de elementos cuja apreensão torna-se praticamente impossível. Substituindo-se porém este enfoque descritivo por uma perspectiva sociológica, o problema se resolve mais facilmente. Na realidade o que nos interessa não é tanto os elementos que compõem o ritual em sua extensão, mas o sentido social que eles adquirem dentro do rito. Ao invés de recensear todas as partes que compõem o rito religioso, tarefa impossível e inútil, o importante é compreender o significado e o sentido social de cada parte. Podemos estabelecer aqui uma analogia entre nossa problemática e a crítica que Roger Bastide faz a Arthur Ramos, onde se confirma a superioridade da ótica sociológica sobre o ponto de vista culturalista na abordagem do fenômeno do sincretismo. Para Bastide, "um quadro, mesmo abstrato, não é uma justaposição de manchas de cor, pois, além de tais manchas comporem por seu conjunto uma nova realidade, elas têm cada uma a sua significação; elas inscrevem na tela sentimentos, preferências, complexos da libido do artista. Os traços culturais que se sincretizam têm, também eles, e cada um por sua vez, a sua própria significação, e são estas significações que procuramos ao falar de valorização, de preconceitos, de ressentimento,

A RELIGIÃO   95

de depuração".[2] Embora não seja nosso objetivo tratar especificamente do fenômeno do sincretismo, a situação é análoga. A tela do ritual não é composta unicamente pela adição de manchas que formam o conjunto de uma nova realidade (a cerimônia religiosa); mas cada mancha tem um significado próprio onde se inscrevem os sentimentos do artista, isto é, da sociedade brasileira: o que nos interessa é portanto o sentido que adquirem essas manchas.

Para apreender a multiplicidade dos cultos mediúnicos, Cândido Procópio desenvolve em seu estudo a idéia de um *continuum* religioso que se desloca entre dois pólos.[3] O autor classifica desta forma os diferentes rituais, no interior de um gradiente religioso que tem por extremidades a Umbanda e o Kardecismo. Este mesmo modelo pode ser utilizado na abordagem do problema que aqui nos interessa — classificação da diversidade dos cultos; devemos entretanto ressaltar que o aplicaremos a objetos específicos diferentes. Para Cândido Procópio o gradiente religioso se desloca entre a Umbanda e o Kardecismo, e ele fala em termos genéricos tanto de uma como de outra religião, referindo-se sempre a práticas mediúnicas. Esta noção de um *continuum* que agrupa num mesmo conceito umbandistas e kardecistas foi bastante criticada por Roger Bastide.[4] Sem querermos reproduzir aqui essas críticas, podemos dizer que Cândido Procópio confunde seu método funcional de aproximação da realidade com a própria realidade. Visto que o interesse do autor se volta para as funções destas duas religiões no interior da sociedade brasileira, a idéia de um *continuum* pode ser desenvolvida sem maiores problemas, pois o resultado da análise é idêntico: tanto a Umbanda quanto o Kardecismo preenchem as mesmas funções. Porém deve-se destacar que o autor não estuda suficientemente o papel do transe no culto umbandista; ora, é justamente neste setor que se encontram funcionalidades diferentes em relação ao

2. Roger Bastide, *As Religiões Africanas no Brasil,* p. 466.
3. Cândido Procópio, *Kardecismo e Umbanda.* A idéia de *continuum* foi muito utilizada pelos antropólogos americanos; e particularmente desenvolvida por Robert Redfield que estudou o *continuum-folkurbano* no México. *The Folk Culture of Yucatan,* Chicago, University Press, 1941.
4. R. Bastide, "Le Spiritisme au Brasil".

espiritismo kardecista. Mas, mesmo que pudéssemos provar que estas duas religiões se caracterizam pelas mesmas funções sociais, nada nos autorizaria a concluir que elas fossem idênticas; basta analisar o sistema de crença dessas práticas religiosas para perceber que existe uma série de elementos que se opõem entre si. Evidentemente os pontos de contato subsistem; trata-se de religiões que aceitam a presença dos espíritos no mundo, mas as semelhanças param por aí, e os kardecistas procuram cuidadosamente não confundir as coisas. Afirmamos que os espíritas não aceitam a presença dos caboclos e pretos-velhos dentro de suas práticas místicas. Analisando os casos limites de simbiose religiosa constata-se que as oposições são ainda bastante sólidas. Conhecemos em São Paulo uma ialorixá que praticava ao mesmo tempo os cultos umbandistas e kardecistas. Esta mulher, membro das classes médias, tinha iniciado sua vida religiosa no espiritismo kardecista, mas um dia seu filho caiu doente e ela não conseguia curá-lo na *mesa*. Sugeriram-lhe então que tentasse a Umbanda, o que ela recusou com veemência; entretanto, como a saúde do filho não melhorava, apesar da repugnância que tais ritos lhe inspiravam, decidiu-se a consultar um pai-de-santo. Para seu grande espanto, a cura foi rápida; a partir deste dia ela teve portanto que levar em consideração um novo jogo de forças sagradas. Ainda hoje ela conserva uma certa reticência em praticar o culto umbandista, mas se consagra uma vez por semana à prática de cada religião em particular. Não existe porém interferência ou sincretismo religioso, mas simplesmente justaposição de cultos diferentes. Os espíritos mais evoluídos do kardecismo não se misturam aos espíritos retrógrados da Umbanda; por esta razão as sessões são separadas no tempo e no espaço. Como os médiuns que trabalham na mesa são os mesmos que freqüentam o terreiro, acontece algumas vezes de um preto-velho enganar-se no caminho e descer numa sessão kardecista. Nesse momento a dirigente espiritual lhe explica cordialmente que ele confundiu os dias, e lhe pede polidamente para se retirar!

Só porque a Umbanda e o Kardecismo são religiões mediúnicas não devemos confundi-las dentro de um mesmo *continuum* religioso; o catolicismo e o protestantismo são religiões bíblicas, mas nem por isso assimilamos um ao outro. Se recusamos po-

A RELIGIÃO 97

rém identificar Umbanda e Kardecismo, pensamos que o conceito de *continuum* desenvolvido por Cândido Procópio pode ser de grande utilidade para a compreensão dos ritos umbandistas. A mesma idéia foi retomada com êxito por Beatriz de Souza que a aplicou ao estudo do pentecostalismo brasileiro.[5] A autora considera o gradiente religioso se deslocando entre dois conceitos ideais-tipos, a seita e a igreja, segundo a definição de Troeltch. O que nos parece mais interessante, na análise de Beatriz de Souza, é que ao tipo de divisão do movimento pentecostalista que ela estabelece corresponde justamente uma divisão da sociedade em classes. Desta forma ela relaciona a prática religiosa a determinadas camadas sociais; a seita agruparia principalmente adeptos das classes populares, enquanto a Igreja tenderia a recrutar seus fiéis no seio das classes médias.

As análises de Roger Bastide, Cândido Procópio e Beatriz de Souza nos permitem estabelecer um critério de classificação do culto umbandista. Para apreender a complexidade deste ritual, o consideraremos como um gradiente religioso entre dois pólos: o *mais ocidentalizado* e o *menos ocidentalizado*. Estes dois conceitos se referem às diferentes posições que pode ocupar a prática religiosa dentro da sociedade brasileira. O pólo menos ocidentalizado se encontra mais próximo das práticas afro-brasileiras, enquanto o mais ocidentalizado tende a se distanciar. Preferimos utilizar o termo menos ocidentalizado no lugar de mais africanizado, como freqüentemente se encontra na literatura afro-brasileira. Com efeito, é difícil falar, na religião umbandista, de uma proximidade com a África; trata-se sobretudo de um distanciamento, não em relação ao continente africano, mas aos cultos afro-brasileiros. São portanto os valores da sociedade brasileira que nos servem de marco; vamos encontrar assim, no pólo mais ocidentalizado, uma maior integração com a ideologia dominante; no pólo menos ocidentalizado esta integração se realiza de maneira menos pronunciada. Trata-se porém nos dois casos de integração, e uma ruptura se processa em relação ao candomblé que se desenvolve justamente no sentido de uma resistência cultural. Esta nova abordagem do fenômeno religioso

5. Beatriz Muniz de Souza, *A Experiência da Salvação,* São Paulo, Duas Cidades, 1969.

RENATO ORTIZ

umbandista nos permite relacionar a tipologia religiosa com as diferenças de classes existentes na sociedade. Ao pólo que se distancia dos valores legítimos da sociedade global correspondem as classes populares; ao pólo que se aproxima destes valores, as classes médias. Na medida em que a linha de classe coincide geralmente com a linha de cor, pode-se dizer que nossa tipologia também toma em consideração uma diferença de raças, tendendo o negro a freqüentar os terreiros mais pobres. Não afirmamos com isto que os cultos menos ocidentalizados são compostos exclusivamente por indivíduos de cor; isto depende em última análise da distribuição das raças na região analisada (por exemplo, em São Paulo existem menos pretos do que no Rio de Janeiro). Insistimos porém no fato de que existe uma tendência à reprodução das contradições sociais no nível da freqüência religiosa; neste sentido pode-se afirmar que o negro se agrupa de acordo com sua posição de classe e de cor.

O Espaço Sagrado

A análise do espaço sagrado demonstra claramente as diferenças que existem entre as extremidades do *continuum* umbandista; ela permite compreender como os valores religiosos e sociais podem servir de modelo à organização espacial do culto. Tomemos como exemplo o terreiro de Vovó Maria Conga, situado em Realengo, Rio de Janeiro (figura p. 100). A tenda reúne uma série de manchas afro-brasileiras, pois sua mãe-de-santo iniciou-se primeiramente no candomblé, e só bem mais tarde começou a freqüentar um ritual situado justamente no pólo oposto do *continuum:* a Tenda Mirim. Pode-se dizer neste caso que no nível da pessoa do chefe do culto situa-se a dupla origem da Umbanda: o embranquecimento das práticas afro-brasileiras, e o escurecimento de uma ialorixá branca, em busca da tradição negra. O terreiro caracteriza portanto o pólo menos ocidentalizado do gradiente umbandista

À primeira vista o espaço sagrado parece mostrar uma certa complexidade quando comparado às tendas do pólo mais ocidentalizado. Entretanto ele se apresenta como extremamente

A RELIGIÃO

simples em relação aos terreiros de candomblé,[8] do qual, de uma certa maneira, é o herdeiro. Um traço que chama a atenção, na arquitetura da casa de culto, é a sala em forma de cruz onde se realizam as cerimônias religiosas. Este elemento arquitetônico não é acidental, ele reforça uma vez mais a orientação católica das práticas umbandistas, mostrando que o modelo cristão pode orientar a própria construção do santuário espiritual. Por outro lado constata-se a existência de um único Exu, aquele que guarda a entrada do terreiro contra os males do mundo exterior. * O *pegi* de Exu, que nos cultos afro-brasileiros desempenha um papel primordial nos sacrifícios de animais, desaparece completamente. Este desaparecimento não é uma característica específica de um terreiro determinado, ele integra um movimento mais geral onde se esquece o culto propiciatório de Exu como intermediário entre o sagrado e o profano, para se conservar unicamente aquele da entrada do terreiro, que tem por função exclusiva proteger a casa de culto contra os fluidos nefastos do exterior. Por um lado, Exu perde sua dimensão religiosa, por outro, acentua-se seu caráter de contramagia. Encontramos ainda a lembrança de alguns elementos afro-brasileiros: o culto das árvores. O pau-d'-alho não nos parece porém ser uma característica africana, pois o alho é conhecido no folclore brasileiro como elemento mágico capaz de exorcizar os maus fluidos. À direita do portão encontra-se a casa das almas onde se acendem velas em honra das almas do Purgatório.

A sala de culto é grande, podendo abrigar várias pessoas; existe uma separação dos assistentes que corresponde à divisão sexual do trabalho mediúnico. Uma mureta de um metro de altura separa a parte sagrada, onde giram os médiuns, da profana, onde se concentra a assistência; o solo sagrado é coberto de areia da praia, pois a madrinha da casa é Iemanjá. Penduradas nos muros encontram-se fitas coloridas e imagens de vários caboclos; no

---

6. Para uma comparação com o espaço sagrado do candomblé, ver R. Bastide, *Les Candomblés de Bahia;* Edson Carneiro, *Os Candomblés da Bahia;* e Binon Cossard, *Le Candomblé Angola.*

* A disposição espacial das árvores de Exu Mangueira e Exu Veludo nos sugerem uma nova função dos exus dentro do universo umbandista; esta será analisada no capítulo dedicado a Exu.

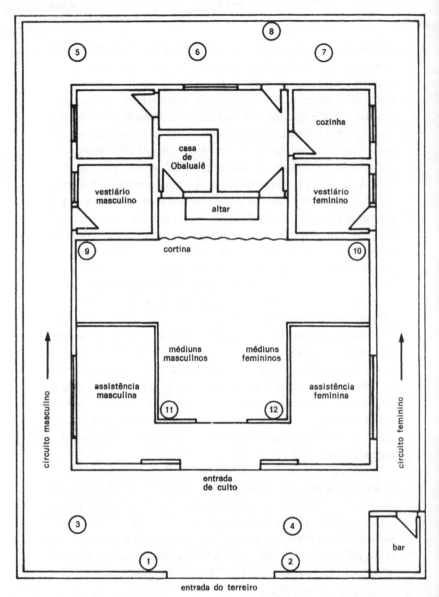

1. casinha de Exu
2. casa da Almas
3. árvore de Oxóssi
4. pautfalho
5. mangueira (árvore de Exu Mangueira)
6. amendoeira (árvore de Tia Margarida)
7. bananeira (árvore de Exu Veludo)
8. pequeno altar com 3 imagens: dois Santo Antônio, um São Benedito
9. Imagem de São Jorge
10. Imagem de São Jerônimo
11. firmeza de Oxum
12. firmeza da Tia Margarida

A RELIGIÃO 101

fundo da sala, atrás da cortina, situa-se o altar repleto de imagens de santos católicos, caboclos e pretos-velhos. Existem dois traços que poderiam aproximar a Tenda Vovó Maria Conga dos terreiros de candomblé: a cozinha e o quarto de Obaluaiê. Uma análise mais profunda revela tratar-se porém de simples aparência. Na realidade a cozinha onde se preparam os alimentos dos orixás tem um papel pouco representativo dentro da cosmologia umbandista; ela atesta a presença de um passado afro-brasileiro, onde certos ritos permanecem, embora já tenham perdido a razão de existir. Sabemos que nos candomblés, durante a iniciação das filhas-de-santo, fabrica-se o *assento* do orixá, lugar onde são fixadas as forças sagradas dos deuses africanos. Ao longo de toda a sua vida a filha deve ocupar-se da renovação dos laços entre sua cabeça e a força dos orixás; por isto as divindades comem, servindo os alimentos de intermediário entre o sagrado e o profano. Vimos entretanto que na Umbanda os orixás não descem mais, como poderíamos então dar-lhes de comer? A cozinha só servirá para preparar alguns ebós, ou certos alimentos que se oferecem aos espíritos nas praias, nas florestas e nas cachoeiras. A alimentação dos deuses perde o significado místico que lhe era atribuído pela mitologia afro-brasileira; posto que a cerimônia de iniciação foi abolida, a renovação da aliança entre a filha-de-santo e o fetiche torna-se desnecessária, as oferendas de comida passam a ser compreendidas como simples ex-votos que o adepto oferece em homenagem às entidades espirituais.

Comparando-se a Tenda Vovó Maria Conga com um terreiro de candomblé, observa-se que Obaluaiê é o único orixá cultuado à parte; da multiplicidade de quartos e pegis afro-brasileiros conservaram-se apenas os fetiches de Omulu. Seu santuário se encontra porém fora do lugar que lhe confere o plano arquitetônico da mitologia africana; sabe-se que nos candomblés bantos e nagôs Obaluaiê é uma divindade do exterior; sua casa situa-se sempre a uma certa distância da sala de culto, pois, sendo o deus da varíola, uma precaução deve ser tomada em relação aos compartimentos do mundo. A permanência deste traço africano numa tenda umbandista nos parece ser simplesmente um elemento da vida pessoal da ialorixá, ligando-se esta ao orixá por laços particulares de simpatia. Apesar das aparências, estamos longe da arquitetura

102 RENATO ORTIZ

de um terreiro afro-brasileiro, que seria uma reprodução em miniatura da África, no Brasil.

A Tenda Vovó Maria Conga dispõe de uma certa riqueza em relação a outros terreiros umbandistas, situados na extremidade inferior do *continuum* religioso; a dimensão do santuário é grande, o que proporciona um espaço relativamente amplo para abrigar a assistência. Isto se deve principalmente ao fato de a tenda situar-se na região dos subúrbios cariocas; já nos cultos que se encontram no centro das grandes metrópoles, onde os aluguéis atingem preços extraordinários, a falta de espaço físico implica uma reorganização do espaço sagrado. Os objetos litúrgicos amontoam-se uns sobre os outros, as árvores desaparecem, a cozinha sagrada divide sua atividade com a cozinha profana, as grandes imagens dos santos católicos são muitas vezes substituídas por objetos que os evocam (quadros ou fitas coloridas). Existem locais onde a falta de espaço é tal que mesmo a divisão sexual da assistência, elemento característico do culto umbandista, não se realiza mais. Apesar disso, a guarida de Exu, fechada a cadeado, encontra sempre um canto na entrada do terreiro, protegendo assim os membros da casa contra os perigos do mundo exterior.

Diferenças consideráveis aparecem quando se passa do pólo menos ocidentalizado ao pólo mais ocidentalizado; o santuário de Exu é um elemento que desaparece, o mesmo ocorre com a cozinha dos deuses, pois não se dá mais de comer às entidades espirituais. Por outro lado existe uma tendência a minimizar o papel das imagens dos santos, apresentando-se o altar praticamente a descoberto, sendo as imagens litúrgicas trazidas em público unicamente nos dias de festas. Por exemplo, na Tenda Mirim (Rio) somente Jesus se encontra exposto na sala de culto; na Tenda Pai Oxalá (São Paulo) também uma imagem de Cristo domina o altar, ao lado de fitas coloridas, representando as sete linhas da Umbanda. O solo sagrado não é mais de terra batida, mas de cimento ou de taco; na entrada situa-se um balcão onde os consultastes recebem fichas numeradas, que correspondem à chamada das entidades espirituais. No momento da consulta um cambo no chama os números distribuídos pela assistência e coordena a entrada dos visitantes na sala de culto. Algumas vezes encontramos esse sistema de fichas nas casas menos ocidentalizadas (ver a descrição da macumba feita por Arthur Ramos),

A RELIGIÃO 103

mas é raro que a divisão de trabalho seja desenvolvida nestes terreiros ao extremo, e que parte da tenda, o espaço delimitado pelo balcão, seja especificamente designado para esta função. Nos cultos mais ocidentalizados, o balcão é utilizado como secretaria, o que exprime, no nível espacial, todo um sistema racional de cotização que se desenvolve particularmente neste pólo da Umbanda. Diante dos gastos do funcionamento do culto, substitui-se o sistema de ajuda mútua, que é aleatório, por uma forma de cotização fixa, onde os participantes pagam uma espécie de mensalidade. Do ponto de vista burocrático dois resultados são obtidos: a codificação da contribuição de cada um e a facilitação do trabalho de contabilidade. É interessante observar que existe uma tendência de este sistema se estender cada vez mais aos membros da assistência, transformando-se o grupo religioso assim num "clube privado", onde os associados devem pagar uma taxa para poder freqüentá-lo. Em São Paulo na Tenda de Umbanda Caboclo Tupinambá (Vila Buarque), este mecanismo desenvolveu-se a um ponto tal, que o visitante recebe na entrada um cartão que lhe confere o direito de freqüentar três sessões; no fim deste período, se gostou dos trabalhos, deve forçosamente aderir ao clube.

É porém o ambiente da celebração religiosa que difere de forma substancial nas duas extremidades do *continuum*. Se nos cultos menos ocidentalizados existe uma certa desconcentração diante do sagrado, no pólo oposto a tendência é confirmar-se justamente o contrário. O adepto deve conformar-se ao modelo de retiro espiritual idealizado pela Igreja católica; ele se recolhe placidamente numa atitude de respeito às entidades do além. Para aqueles que poderiam se esquecer de certos comportamentos morais adequados ao ambiente religioso, algumas inscrições coladas nas paredes, lembram, de forma lapidar, os imperativos da boa conduta: "É proibido fumar", "Silêncio". Por outro lado os elementos estéticos que caracterizam o pólo menos ocidentalizado tendem a desaparecer ou são minimizados; não se dança mais e os tambores são proscritos das cerimônias, sendo algumas vezes substituídos por palmas. A modulação dos cânticos se transforma, e o ritmo balanceado de origem africana cede lugar às entoações que se aproximam dos hinos religiosos. Na Tenda Mirim o coro fica atrás de um microfone,

104 RENATO ORTIZ

o que torna o canto ainda mais monótono e glacial. Outra diferença sensível que se manifesta entre as extremidades do *continuum* se refere à indumentária dos médiuns. No pólo menos ocidentalizado as filhas-de-santo vestem saias compridas superpostas que recobrem uma espécie de calça que desce até os joelhos: esta vestimenta típica de baiana é característica dos cultos afro-brasileiros.[7] No pólo mais ocidentalizado as mulheres vestem calças ou vestidos compridos brancos: observa-se uma simplificação da indumentária, o que torna a fabricação dos uniformes mais barata. Nesses terreiros os médiuns calçam geralmente tênis, rompendo assim com a tradição popular de dançar sem sapatos.

Uma Sessão Umbandista

Os umbandistas distinguem dois tipos de sessões públicas que diferem uma da outra segundo suas funcionalidades: sessão de caridade e sessão de desenvolvimento mediúnico. A primeira se caracteriza pela presença dos espíritos que descem do *Astral* para atender aos pedidos dos homens; o público pode desta forma entrar em contato direto com os espíritos, seja através do passe ou da consulta. No segundo tipo de sessão não há participação da assistência, o dirigente fica assim mais livre para instruir os médiuns a respeito da doutrina e do aprendizado do transe. Gradativamente o cavalo aprende a domesticar seu estado de possessão pelos espíritos, e pouco a pouco o transe desordenado do início é canalizado dentro das normas do quadro religioso. Não se deve pensar porém que o domínio do transe se realiza exclusivamente nas sessões de desenvolvimento mediúnico; o importante é que o indivíduo esteja à disposição dos espíritos; isto também ocorre nas sessões de caridade. Na verdade a divisão do ritual em dois tipos de sessões diferentes é puramente formal, muitas tendas não obedecem a esta separação das cerimônias religiosas.

7. Sobre a vestimenta das filhas-de-santo no candomblé, ver Binon Cossard, *op. cit.*

A RELIGIÃO 105

Nos terreiros menos ocidentalizados, a primeira precaução ritual é despachar Exu, para que este não venha perturbar a cerimônia durante a celebração do culto. Canta-se então:

Quem é que atravanca a rua
Guarda a encruzilhada
É a Pomba-Gira
Que trabalha na estrada.

O canto é freqüentemente entoado, estando os médiuns e a assistência de costas para o altar, olhando em direção à porta de saída; inverte-se assim o sentido normal da sessão. A cortina que separa o altar da sala de culto acha-se fechada neste momento. Vem em seguida o ritual da defumação onde cada médium é defumado individualmente; algumas vezes esta cerimônia se estende à assistência, e cada fileira de bancos, onde se amontoa o público, é defumada separadamente, outras vezes somente os quatro cantos profanos da sala são purificados pela fumaça que escapa do turíbulo. O exorcismo dos maus fluidos é acompanhado por um cântico:

Corre, gira, Pai Ogum
Filhos vêm se defumar
Umbanda tem fundamento
É preciso preparar
Cheira incenso e benjoim
Alecrim e alfazema
Ah! defumar filhos de fé
Com as ervas de Jurema.

Quando o pai-de-santo termina de despachar os exus, abrem-se as cortinas do altar; se por acaso Legba, senhor das trevas, não é homenageado (caso dos terreiros mais ocidentalizados), segue-se o ritual de defumação da sala. Na Tenda Mirim, antes do início da cerimônia religiosa, escuta-se o disco de Ave-Maria de Gounod: durante este tempo os participantes e a assistência se recolhem silenciosamente numa atitude de respeito. Nota-se aí a influência kardecista de Benjamim Figueiredo, que transplantou certos hábitos da mesa para a tenda umbandista.

106   RENATO ORTIZ

Reza-se em seguida o Pai-Nosso ou a Ave-Maria; algumas vezes o dirigente do culto, ou um fiel qualquer que possui o dom da oratória, lê um texto onde geralmente se exalta o espírito de resignação e a prática da caridade: [8]

"Agora, uma bênção que Deus envia a seus eleitos. Não fiquem aflitos, pois quando vocês sofrerem, bendigam o Senhor Deus Todo-Poderoso, que por sua dor, neste mundo, vos marcou para a sua glória no céu. Sejam pacientes, vossa paciência é também caridade, e vocês devem praticar a lei da caridade ensinada pelo Cristo, o enviado de Deus. A caridade, que consiste na esmola dada aos pobres, é a mais fácil de todas; entretanto existe uma muito mais meritória, mais consistente, aquela pela qual nós perdoamos aqueles que Deus colocou diante de nosso caminho, para que eles sejam o instrumento de nosso sofrimento, e possam assim colocar nossa paciência à prova".

Uma vez terminadas as preces, abre-se realmente a sessão; canta-se então:

> Eu abro a nossa gira
> Com Deus e Nossa Senhora
> Eu abro a nossa gira
> Samborê vem lá de Angola
>
> Quem vem, quem vem lá de tão longe
> São os guias que vêm trabalhar
> Oh! dai-me forças pelo amor de Deus, meu Pai
> Oh! dai-me forças para trabalhar.

Iniciam-se em seguida os cânticos que chamam os espíritos. Deve-se observar que os cantos umbandistas têm uma dupla função: eles louvam a existência e a manifestação das entidades espirituais, ao mesmo tempo que se impregnam de uma força mágica que tem o poder de atrair as divindades para o mundo dos

---

8. Leitura feita em uma sessão gravada em Ribeirão Preto (SP). Vera L. Pagliuchi, *op. cit.*, p. 127.

A RELIGIÃO 107

homens. Cada espírito tem seu *ponto cantado;* escutando a música que lhe é própria, ele responde ao chamado dos cânticos e desce para montar sobre seu cavalo. O primeiro espírito que se manifesta é geralmente o do pai ou da mãe-de-santo, pois trata-se da autoridade máxima do terreiro. Por exemplo, canta-se ao Caboclo Bereta Verde:

O balanço do coqueiro é oriê
O balanço do coqueiro é oriá
É oriê é oriá
Bereta-Verde é o patrão deste gantuá.

Evidentemente o ponto cantado difere segundo o tipo de espírito que é *dono da cabeça* do dirigente do terreiro. Caso o pai-de-santo tenha um auxiliar que se destaque dos outros, ou se existe um grupo de médiuns cuja mediunidade seja bastante desenvolvida, canta-se separadamente para os espíritos; um a um, os fiéis são incorporados por suas respectivas entidades espirituais. Porém o que ocorre normalmente é que, após a descida do guia da casa, canta-se anonimamente aos caboclos, pretos-velhos ou crianças, isto dependendo do tipo de sessão que está sendo celebrada.[9] Numa sessão de cablocos canta-se:

Caboclo quando é batizado
Arreia em qualquer lugar
Primeiro cumprimenta Zambi
E faz morada neste gantuá.

Indistintamente, os médiuns são incorporados pelas entidades espirituais; é a partir deste momento que os trabalhos realmente se iniciam. O público, que até então se mantinha numa atitude de espera, passa a participar da cerimônia litúrgica. O indivíduo deixa a parte profana da sala de culto e se dirige ao espaço sagrado onde as entidades trabalham. Como o sagrado e o profano são zonas heterogêneas que se opõem, a passagem de

9. Algumas vezes os cantos são divididos de acordo com as linhas da Umbanda. Canta-se primeiro aos caboclos de Ogum, em seguida aos caboclos de Oxóssi; esta forma de chamada espiritual é menos generalizada.

108 RENATO ORTIZ

um compartimento para outro deve ser feita com uma certa cautela. Para isso é necessária a execução de determinados ritos que demarcam a separação entre esses dois hemisférios. O indivíduo se descalça, tira os óculos e o relógio, simbolizando, desta forma, sua passagem do domínio do profano ao domínio do sagrado.[10] Durante as consultas, as pessoas expõem seus problemas particulares aos espíritos, variando os temas desde os problemas de saúde, finanças, desconsolo, até as desavenças amorosas e familiares. Como as entidades falam numa linguagem estereotipada e rudimentar, muitas vezes o consultante nada compreende a respeito das prescrições mágico-religiosas; nesse caso, um cambono desempenha o papel de tradutor, servindo de intermediário entre o cliente e a força espiritual.

O *passe* é um tipo de prática mágica de origem espírita que tem por finalidade expulsar os maus fluidos do corpo das pessoas. Ele é de natureza essencialmente mecânica e situa-se aquém das consultas, pois o cliente não conversa com os espíritos. Os indivíduos são colocados em frente ao médium que inicia imediatamente seu trabalho; o contato com o corpo profano lhes é penoso; eles fungam, crispam o rosto, como se os maus fluidos que emanam do consultante entrassem numa luta renhida contra a matéria divina. Com as mãos, eles alongam o corpo do fiel, as pernas, os braços, a cabeça, as costas, drenando para si os maus fluidos que ali repousam. Há portanto transferência de forças que se dirigem do transmissor (médium) ao receptor (divindade). Uma vez realizada a operação, o médium sacode fortemente suas mãos na direção da terra; desta forma, as faíscas do mal são absorvidas pelo solo sagrado. Algumas vezes julga-se que o corpo do consultante encerra uma dose excessiva de maus fluidos: nesse caso, como se trata de um trabalho mais delicado, o espírito pede ajuda a outros médiuns que não estejam possuídos por suas respectivas divindades. Ele os coloca em contato com o pólo de energia maléfica e realiza a descarga; gritando, os médiuns rolam pelo chão, possuídos por esta corrente de caráter negativo. Trata-se evidentemente de uma possessão teatral, pois mesmo os cambonos,

10. A respeito dos ritos de passagem, ver Van Gennep, *Les Rites de Passage,* Paris, Mouton, 1969.

A RELIGIÃO

que normalmente não caem em transe, participam desta operação.[n]

Durante o desenrolar da cerimônia religiosa os cantos continuam, sem interrupção; esta tarefa cabe aos curimbeiros, que não são, em nenhum momento, montados pelas divindades. Transcrevemos aqui um hino de exaltação bastante popular nos terreiros cariocas e paulistas:

> Refletiu a luz divina
> Em todo seu esplendor
> Vem do reino de Oxalá
> Onde tem paz e amor
> O que refletiu na terra
> O que refletiu no ar
> O que vem lá de Aruanda
> Para tudo iluminar
> A Umbanda é paz e amor
> Um mundo cheio de luz
> É força que dá a vida
> A grandeza que nos conduz
> Avante filhos de fé
> Não tem outra igual à nossa Lei
> Trazendo ao mundo inteiro
> A bandeira de Oxalá.

Terminadas as consultas públicas nada mais resta a fazer, os espíritos cumpriram corretamente sua missão caritativa de atendimento aos homens e preparam-se para voltar. Canta-se então para a subida das entidades que retornam ao reino de Aruanda:

> Quando o atabaque toca
> Filho de Umbanda chora
> Adeus, adeus, caboclo,
> Filho de Umbanda, vá-se embora.

---

11. Sobre a possessão teatral ver Alfred Mitraux, "La Comédie Rituelle dans la Posséssion", in *Revue Diogène,* Paris, 1955. Ver também Luc de Heusch, "Posséssion et Chamanisme", in *Pourquoi 1'Epouser,* Paris, Gallimard, 1971, pp. 226-244.

110 RENATO ORTIZ

A subida é efetuada normalmente na ordem inversa da descida, sendo o guia do pai-de-santo o último a partir. Rezam-se em seguida algumas preces, agradecendo a atenção divina; nos cultos menos ocidentalizados, costas voltadas para o altar, canta-se ainda a Exu, que encerra a sessão.

Pode-se observar que as sessões umbandistas se caracterizam sobretudo pelo seu cunho pragmático, desenvolvendo-se o culto num sentido essencialmente utilitário. Nada é gratuito, os espíritos descem do além única e exclusivamente para ajudar nos negócios e problemas terrestres; é porque os homens necessitam da assistência divina que os deuses se interessam pela sorte humana. O trabalho se realiza portanto em função do público; por outro lado, a assistência participa do culto na medida em que os umbandistas trabalham para ela. Desta forma, a prática religiosa vincula-se à orientação doutrinária que concebe a caridade como fator de mobilidade espiritual. A dimensão utilitária da Umbanda faz com que ela se aproxime do vodu haitiano, distanciando-se porém dos cultos afro-brasileiros.[12] Nesses ritos a presença ou a ausência da assistência é um fator secundário; grande parte da cerimônia litúrgica, por exemplo, o sacrifício de animais, só é assistida pelos membros da comunidade e alguns convidados especiais. Por outro lado, se a dança dos orixás é uma festa pública, ela não celebra o mundo dos homens mas revive a mitologia dos deuses. A assistência permanece distante do ritual, podendo assimilá-lo somente do ponto de vista lúdico ou estético. Caso uma pessoa deseje consultar um deus qualquer, ela deve, geralmente, encontrar-se com o pai-de-santo fora do horário da sessão litúrgica. A consulta se faz através do jogo dos búzios, com o babalorixá traduzindo as palavras divinas. O candomblé aparece desta forma com a exaltação da comunidade que vive fechada sobre si mesma, enquanto que a Umbanda, de caráter acentuadamente profano, convive de maneira mais estreita com a miséria da sociedade humana.

12. Sobre o vodu, ver Alfred Mitraux, *Le Voudou Haïtien*, Paris, Gallimard, 1958.

III. INTEGRAÇÃO E LEGITIMAÇÃO SOCIAL

A Continuidade Descontínua do Sagrado Umbandista

Vimos, na segunda parte de nosso estudo, que o cosmo umbandista se divide em linhas, no interior das quais são ordenados batalhões de espíritos que buscam ascender ao reino de Aruanda. Falta-nos, porém, conhecer o significado desta repartição do universo sagrado e descobrir sua relação com o conjunto da sociedade global brasileira. Se Allan Kardec já havia idealizado a tripartição do mundo espiritual, não é menos verdade que a concepção umbandista do universo, onde cada estrato se liga a uma entidade militante do exército religioso, transforma o pensamento espírita num sistema bem mais complexo e hierarquizado. Desta forma, a síntese umbandista integra, dentro de um sistema coerente e racional, duas tradições diferentes: a afro-brasileira e a espírita. Os orixás, deuses individualizados no candomblé, são ordenados segundo seqüências espirituais (linhas) de acordo com a lei do carma. A Umbanda se distancia assim tanto do kardecismo quanto das tradições afro-brasileiras, atestando a formação de um sistema religioso inteiramente novo. Este processo de química social, onde a partir de dois elementos anteriores se forma um novo composto, é conhecido na literatura antropológica culturalista como processo de fusão;[1] ele é estudado dentro da teoria da

---

1. Siegel, Vogt, Watson e Broom, "Acculturation: an Exploratory Formulation", *op. cit.* Ver Herskovits, *Man and His Works.*

114 RENATO ORTIZ

aculturação que o associa aos mecanismos de invenção. Esta abordagem do problema nos interessa particularmente, pois o cosmo umbandista nada mais é do que o produto de um grupo de teóricos que "bricolam" os elementos da tradição afro-brasileira. A escola culturalista confunde porém o problema quando estuda o processo de fusão dentro de categorias analíticas que consideram a cultura como uma entidade autônoma. Ela deixa de "situar" (no sentido de Balandier) o grupo, dentro de uma perspectiva histórico-social determinada. Ou em termos marxistas, ela não compreende as representações, as idéias, como um produto de homens que se relacionam entre si segundo um modo de produção determinado.[2] Na medida em que pretendemos decifrar o significado de um sistema de representações, é-nos impossível considerá-los como exterior à sociedade. Para responder como se articulam as relações sociedade-religião, devemos portanto considerar o pensamento religioso como produto de um grupo de origem kardecista, vivendo numa determinada sociedade, a brasileira. Só assim poderemos desvendar o que se esconde por detrás da contínua homogeneidade da linguagem religiosa.

Observando a história da religião umbandista, constata-se que a estruturação do universo espiritual em linhas é um elemento tardio do pensamento religioso; por outro lado, o próprio termo linha parece ser de uso bastante recente. João do Rio não assinala sua existência quando, por volta de 1900, estuda as religiões do Rio de Janeiro. Tancredo da Silva Pinto, negro de origem banto, hoje chefe de uma potente Federação Umbandista no Rio, nos afirmou que em seu tempo (1910) as linhas não existiam: "o que conhecíamos era o culto; eu sou de tal culto, fulano é de outro culto, as linhas apareceram depois".[3] Estes testemunhos sugerem, como considera Roger Bastide, que os cultos se encontravam confinados às nações, isto é, às divisões étnicas. Na medida em que a sociedade urbano-industrial se desenvolve, os laços étnicos são rompidos, sendo o negro projetado no mercado concorrencial capitalista. Vimos que, neste

---

2. Ver Marx, Engels, L'Ideologie Allemande, Paris, Editions Sociales, 1974, ou outro autor de origem não-marxista: Mannheinn, Ideologia e Utopia, Rio de Janeiro, Zahar, 1972.
3. Entrevista com Tancredo da Silva Pinto.

INTEGRAÇÃO E LEGITIMIZAÇÃO SOCIAL 115

momento histórico, à desorganização social corresponde uma desorganização paralela da memória coletiva negra, sendo a macumba o primeiro produto desta transformação social. As linhas aparecem justamente neste momento, mas elas não significam ainda qualquer divisão do universo religioso; simplesmente indicam a origem ou a especificidade das práticas mágico-religiosas. Assim no canto:[4]

> Quem pisa na *linha* de Congo
> É Congo, é congo, aruê!...
> Se ele é da *linha* de Congo
> Agora queremos vê!...

O termo linha indica a origem dos espíritos que descem: eles vêm do Congo. Não se trata ainda da linha dos pretos-velhos, pois os espíritos do Congo diferem certamente dos espíritos da Guiné, estes, de origem sudanesa. Nossa interpretação parece se confirmar quando observamos que Arthur Ramos, em suas pesquisas sobre as macumbas cariocas, encontrou catorze tipos de linhas diferentes: "Linha de Angola, linha omolocô, linha gegê, linha mussurumim, linha Cabinda, linha das minas, linha Rebolo, linha Cassange, linha Monjolo, linha Moçambique, *linha de Umbanda,* linha Cruzada, linha das almas, linha Caxambu".[5] Isto sem levar em consideração a "linha do mar", "linha da costa", "linha de Quimbanda", que o autor assinala numa outra obra.[6] Assim a "linha das minas" deriva da etnia fantiasanti, cujos elementos são conhecidos por negros-minas do Brasil. A "linha mussurumim" representa os negros malês, enquanto a "linha das almas" invoca exclusivamente as almas dos mortos. Trata-se portanto de lugares de origem das práticas mágico-religiosas ou da especificidade de cada uma delas (por exemplo, invocação das almas dos defuntos). A ruptura dos laços étnicos transforma radicalmente o culto de nação; Arthur Ramos constata que, dentro de um mesmo ritual, a macumba, o pai-de-santo opera com uma multiplicidade de linhas, sendo sua potência mágica medida em

---

4. João de Freitas, *Umbanda,* Rio de Janeiro, 8.ª ed., Eco, p. 30.
5. Arthur Ramos, O *Negro Brasileiro,* p. 133.
6. Arthur Ramos, *As Culturas Negras,* p. 186.

função do número de vibrações que ele manipula. [7] A macumba aparece então como o conjunto sincrético de todas as linhas; neste sentido podemos dizer com Arthur Ramos que ela é gegê-nagô-muçulmibanto-cabocla-espírita-católica.

Arthur Ramos indica entretanto que no Rio de Janeiro a palavra "Umbanda" toma o significado geral da própria religião dos negros: "Linha de Umbanda, dizem os negros e mestiços cariocas quando eles se referem às suas práticas religiosas e mágicas, hoje fusionadas com o espiritismo".[8] A palavra não encerra porém um sentido preciso, pois o próprio Arthur Ramos nos diz que ora ela é sinônimo de nação, ora de um espírito potente de uma nação.[9] Se existia uma tendência real em denominar a religião dos negros de "linha de Umbanda", a palavra deveria ser ainda trabalhada pelo pensamento espírita, ela necessitaria embranquecer, para tomar o seu sentido atual. Analisando a literatura umbandista, podemos indicar o processo de reinterpretação que o vocábulo linha sofre dentro deste novo sistema religioso. A primeira preocupação dos teóricos parece ter sido interpretar separadamente "linha" e "Umbanda". Lourenço Braga, apresentando um estudo para o Congresso Umbandista de 1941, marca com insistência a oposição entre estes dois vocábulos: "não se deve dizer linha de Umbanda mas Lei de Umbanda, as linhas são as sete divisões da Umbanda".[10] O autor estabelece desta forma no campo semântico a distinção entre o sistema religioso Umbanda e suas divisões internas. Dirigindo-se àqueles que possam confundir os dois níveis, ele afirma: "se chamarmos à Lei de Umbanda linha de Umbanda, qual será então o nome das sete linhas em que a Umbanda se divide (linha de Xangô, linha de Ogum, linha de Iemanjá)"?[11] Este testemunho demonstra que até o momento do Congresso de 1941, apesar da existência de um movimento teórico religioso, uma incerteza existia a respeito dos conceitos de lei ou linha de Umbanda.

Nós não sabemos com exatidão quando a teoria umbandista das linhas foi criada, mas tudo indica que ela emerge na década

---

7. Arthur Ramos, *ibid.,* p. 185.
8. Arthur Ramos, *ibid.,* p. 185.
9. Arthur Ramos, *O Negro Brasileiro,* p. 133.
10. Lourenço Braga, *Umbanda e Quimbanda,* p. 12.
11. *Ibid.,* p. 15.

INTEGRAÇÃO E LEGITIMIZAÇÃO SOCIAL   117

de trinta. Nicolau Rodrigues, em suas reportagens sobre macumba e candomblés, realizadas em 1936, considera dois tipos de magia branca: "a Cabinda e a Umbanda, esta última com suas diversas linhas".[12] João de Freitas, noutra reportagem mais tardia (1939) sobre terreiros de macumba, fala das linhas em seu diálogo com Heraldo de Menezes.[13] Desconhecemos também a razão pela qual os umbandistas escolheram o número sete como cabala; provavelmente traço do ocultismo europeu ou do Velho Testamento. Não nos interessa porém localizar precisamente em qual momento da história a teoria das linhas se forja. Basta constatar, e isto é o mais importante, que a partir de um determinado período as práticas mágico-religiosas afro-brasileiras são compreendidas dentro de uma nova perspectiva: elas integram a religião Umbanda composta por sete linhas espirituais.

Se os umbandistas conseguiram sintetizar um cosmo religioso original, não é menos verdade que a disposição das linhas e dos espíritos que aí militam não é a mesma para todos os teóricos. Longe de conseguirem um sistema religioso único, os intelectuais encontram-se freqüentemente em desacordo quanto à maneira de dispor as entidades no espaço. A fim de esclarecermos estas divergências, comparemos aqui a classificação estabelecida por Matta e Silva com a de Fontenelle e Lourenço Braga:[14]

Linhas (Fontenelle e L. Braga)	Linhas (Matta e Silva)
Oxalá	Oxalá
Iemanjá	Iemanjá
Oriente	Xangô
Oxóssi	Ogum
Xangô	Oxóssi
Ogum	Crianças
Africana	Pretos-Velhos

Observa-se que a linha do Oriente desaparece na classificação de Matta e Silva para ceder lugar à linha das crianças; por

12. Nicolau Rodrigues, *Macumba e Candomblés*, p. 57.
13. João de Freitas, *Umbanda*, p. 15.
14. Matta e Silva, *op. cit.;* Lourenço Braga, *op. cit.;* Fontenelle, *op. cit.;* Lourenço Braga e Fontenelle foram os primeiros intelectuais que desenvolveram a teoria das linhas.

118   RENATO ORTIZ

outro lado, existem diferenças na ordem hierárquica da classificação espiritual. Apesar dessas disparidades, constatam-se semelhanças estruturais profundas no interior do sitema religioso. Primeiro, o número fixo de linhas: sete. Existe a este respeito unanimidade da parte dos teóricos umbandistas. Em seguida a hierarquização do universo sagrado e suas divisões em legiões, falanges, subfalanges etc. As dúvidas persistem unicamente a respeito da identidade dos espíritos que militam neste exército místico, pois ela difere segundo as apreciações de Fontenelle e as de Matta e Silva. Outros elementos constantes são os dois primeiros e o último termo do universo umbandista: Oxalá — Iemanjá — pretos-velhos. Uma primeira constatação no nível social se impõe: Oxalá, cuja cor é o branco, e a linha Africana delimitam o espaço sagrado. Os negros compõem justamente a parte inferior do paraíso celeste; a oposição das cores reproduz portanto a oposição das raças no seio da sociedade brasileira. O branco se encontra mais próximo da "felicidade espiritual" do que o negro; esta verdade social transforma-se em princípio religioso.

Para compreendermos melhor o que se oculta por detrás da teoria das linhas, é necessário aprofundar a análise da complexa rede de comunicação espiritual. Consideraremos para isto a classificação de Matta e Silva, pois este intelectual, na sua vontade de racionalização do cosmo sagrado, introduz novos elementos que esclarecem o significado do sistema religioso, muitas vezes embrionários em outros autores. Com efeito, baseando-se numa teoria do número sete, Matta e Silva leva mais adiante o pensamento de Lourenço Braga e Fontenelle. Fiel à tradição kardecista, o autor divide ainda o espaço sagrado em três planos; ele calcula em seguida o número de espíritos que compõem cada plano da hierarquia umbandista: [15]

Primeiro Plano	Orixás Intermediários	Primeiro grau (Chefes das legiões)	7
		Segundo grau (Chefes das falanges) 7x7	49
		Terceiro grau (Chefes das subfalanges) 49 x 7	343
		Total	399

---

15. Matta e Silva, *op, cit.*

INTEGRAÇÃO E LEGITIMIZAÇÃO SOCIAL 119

Segundo	Guias	Chefes de agrupamentos	
Plano		343 x 7	2.401
Terceiro	Protetores	Quinto grau 2.401 x 7	16.807
Plano		Sexto grau 16.807 x 7	117.649
		Sétimo grau 117.649 x 7	823.543
		Total	957.999

Visto que existem sete linhas, os resultados obtidos devem ser multiplicados pelo coeficiente cabalístico:

Planos Espirituais	Número de Espíritos
Primeiro	2.793
Segundo	16.807
Terceiro	6.705.993
Total	6.725.593

Temos aí informações importantes a respeito da estratificação do universo sagrado umbandista. Considerando-se a distribuição espiritual em percentagem segundo os diferentes planos, obtémse: 0,04% de espíritos encontram-se no primeiro plano, 0,2% no segundo, 99,7% no terceiro. Como se manifesta porém esta estratificação no corpo dos médiuns? Matta e Silva nos sugere o quadro seguinte:

Espíritos que se encarnam	Médiuns que recebem
Primeiro plano	5%
Segundo plano	15%
Terceiro plano	80%

Esta apreciação matematizada do mundo religioso reflete não somente o pensamento de um autor, mas quantifica, embora de forma arbitrária, uma ideologia difusa que circula naturalmente nos meios umbandistas. Quando se interroga um chefe de terreiro, ele responde freqüentemente que as entidades de "muita luz", isto é, altamente desenvolvidas, são bastante raras; poucos médiuns têm o privilégio de recebê-las. A grande maioria deve

120 RENATO ORTIZ

portanto se conformar com espíritos dos planos inferiores. Pode-se então afirmar que no nível da seita existe uma correspondência entre a hierarquia e a estratificação do mundo sagrado, e a hierarquia e a estratificação do mundo profano.

A análise desenvolvida nos leva a colocar a seguinte pegunta: a correspondência observada se reduziria unicamente ao grupo religioso? Não traduziria ela uma correspondência mais profunda entre religião e sociedade global? Vimos que justamente os dois termos que delimitam o universo umbandista — Oxalá e pretovelho — representam a oposição das raças na sociedade brasileira: a dominação do branco sobre o negro. Tudo indica que no seio do cosmo religioso encontra-se a imagem da sociedade de classes; o problema é saber até que ponto as imagens se superpõem, dito em outras palavras, de que maneira o mundo religioso traduz o mundo social.[16]

Se a idéia de hierarquia é comum aos universos profano e sagrado, é a noção de estratificação que parece ser mais interessante no caso da religião umbandista. Basta analisar mais de perto o sistema religioso para constatar a semelhança estrutural entre pirâmide social e pirâmide espiritual. Encontra-se, no alto da pirâmide, um número bastante reduzido de espíritos que participam da graça divina, enquanto na base situam-se 99% dos operários espirituais que tentam desesperadamente ascender. O mundo religioso fornece assim um retrato fidedigno da miserável condição da classe baixa brasileira, diante de poucos privilegiados que participam das delícias celestes. É interessante notar que Cândido Procópio insiste sobre a análise da idéia de mobilidade social (ascensão espiritual), que se encontra vinculada à ideologia umbandista; ele a considera um fator importante de integração do indivíduo na sociedade urbano-industrial. Entretanto o autor não considera o quanto a teoria do carma implica uma aceitação passiva pelo indivíduo, de seu *status* social tal qual ele é fixado pela sociedade. A existência de 99% de entidades na base da pirâ-

---

16. A idéia de que as representações religiosas correspondem ou traduzem o mundo social foi particularmente desenvolvida por Durkheim, *Les Formes Elémentaires de la Vie Religieuse*, Paris, PUF, 1968, e Durkheim/ Mauss, *Quelques Formes Primitives de Classification in Mauss*, Oeuvres, t. II, pp. 13-89.

INTEGRAÇÃO E LEGITIMIZAÇÃO SOCIAL 121

mide ilustra um estado de conformismo que traduz, na realidade, a situação dos indivíduos em face das suas aspirações (irrealizáveis) de ascensão. Apesar da lei do carma, a verdade espiritual é extremamente dura, sendo a condição da maioria dos espíritos diante da misericórdia divina de grande penúria. Somente 0,04% dentre eles participam dos benefícios celestes, enquanto a massa esquecida espera, a duras penas, o momento oportuno de uma nova reencarnação. A correspondência entre hierarquia e estratificação espiritual e social transparece assim claramente, associando-se a participação aos prazeres divinos à participação ao lucro.

A história brasileira nos ensina porém que não nos encontramos mais no seio de uma sociedade de castas (senhores-escravos), mas numa sociedade de classes onde a mobilidade social é um fato real. A cosmologia religiosa não deixa escapar nem mesmo este aspecto da questão, pois através da purificação do carma ela fornece o princípio equivalente à mobilidade social, com os espíritos movimentando-se ao longo dos estratos celestes. A noção de evolução espiritual corresponde assim à idéia de mobilidade social. Esta conclusão nos parece válida não somente devido aos pontos já analisados da teoria da evolução, mas também pela análise das críticas que certos umbandistas fazem da teoria cármica budista. Oliveira Magno, diante da pergunta "podemos nós mudar a lei do carma", recusa veementemente aceitar a idéia da irrevocabilidade das faltas cometidas. Exprimindo-se em linguagem religiosa, ele dirá: "Existe ou não existe diferença entre o ocidentalismo e o orientalismo? Sendo o nosso protótipo, a nossa mentalidade cristã, qual é o espiritismo que devemos seguir, o cristianismo ou o budismo? Pela doutrina de Buda, a lei do carma é irrevogável, pela doutrina de Jesus a dita lei do carma é revogável, pois ele nos veio dar a graça, o perdão. Nós que somos maus, e no entanto acabamos por perdoar os nossos devedores e inimigos, quanto mais Deus, nosso Senhor, que é o máximo de bondade e amor. Uma vez que o homem foi perdoado, não tem que pagar coisa nenhuma. Só estão sujeitos à lei do carma esses maus, irredutíveis e incorrigíveis, principalmente esses que não perdoam os outros, pois quem não perdoa os outros não tem o direito de ser perdoado".[17] Teixeira Neto também

17. Oliveira Magno, *Umbanda e Ocultismo, p. 43.*

122 RENATO ORTIZ

exprime esta idéia de uma certa independência do homem diante de seu carma: "O carma não afeta o livre-arbítrio das criaturas, no entanto, se no uso dessa liberdade forem praticados atos contrários ao carma, assumirá a criatura a responsabilidade que lhe poderá ocasionar uma nova encarnação quando, na sua passagem, não possa resgatar a falta cometida. Por outro lado, no uso do livre-arbítrio, poderá a criatura praticar atos sublimes de elevação, os quais farão amenizar parte de seu carma".[18] As críticas à teoria budista e a exaltação do livre-arbítrio são perfeitamente fundamentadas; enquanto na índia o indivíduo deve aceitar sua posição dentro da casta que lhe foi conferida pela tradição, na sociedade brasileira a mobilidade social é um fator importante a ser considerado. Visto que esta sociedade não possui ainda um sistema de classes rígido como o das sociedades européias ou americana, o vaivém entre as camadas sociais é incessante. Criticando a imobilidade da religião budista, os umbandistas reproduzem, no nível da linguagem religiosa, a existência da mobilidade social. É necessário porém não alimentar muitas ilusões (poder-se-ia dizer que isto provocaria quase um fenômeno de anomia espiritual!); a estratificação dos espíritos indica que a mobilidade é relativa, devendo a maior parte das entidades contentar-se com sua posição desconfortável no terceiro plano. Uma nova encarnação dirá quem merecerá ou não o direito de ascender.

O cosmo religioso umbandista reproduz assim as contradições da sociedade brasileira; a religião encontra no social os princípios de conhecimento que classificam definitivamente o mundo religioso. Não é por acaso, e nós o repetimos mais uma vez, que a Umbanda nasce justamente num momento em que a sociedade de classes se consolida; estes traços sociais encontram-se na própria síntese da nova estrutura religiosa. A interpretação do social, a estratificação do cosmo religioso, o princípio do carma, enquanto mobilidade social, só poderiam ser realizados dentro de uma sociedade de classes. O espiritismo existente no Brasil desde 1873 não podia, neste momento histórico, *bricolar* a matéria afro-brasileira que se apresentava diante dele; as condições históricas não lhe eram favoráveis. Na época do Império a estratificação social se apresenta de forma diversa, dividindo-se os estratos em

18. Teixeira Neto, *O Livro dos Médiuns,* p. 90.

INTEGRAÇÃO E LEGITIMIZAÇÃO SOCIAL 123

classe de escravos, classe baixa de homens livres e aristocracia. Não existia ainda uma classe média, e a mobilidade social era extremamente reduzida. Roger Bastide, referindo-se à classe intermediária, nos diz que ela compreendia aqueles que não pertenciam nem à aristocracia nem ao grupo de escravos; que estes indivíduos tinham a consciência de não pertencerem nem a uma nem a outra classe, e que eles não esperavam tampouco pertencer um dia à aristocracia.[19] Couty, viajando no fim do século XIX pelo Brasil, traduziu de maneira eloqüente a situação social brasileira. Ele dizia que o "Brasil não tinha povo", significando com isso justamente as classes médias que a sociedade francesa conhecia na época.[20] Por outro lado, o negro vivia fechado no compartimento que lhe era atribuído pela sociedade. Liberto ou escravo, ele dispunha de poucos meios de mobilidade social, praticando desta forma no isolamento sua religião e magia herdadas da África. Com o advento da Abolição da escravatura, da urbanização acelerada, da industrialização do país, a estrutura social se transforma. A partir do momento em que o negro se integra (mesmo que marginalmente) à sociedade branca, em que uma classe média e proletária emerge, o social passa a ser modelo de estratificação e mobilidade. As linhas que antes de 1930 indicavam a origem das práticas mágico-religiosas, depois desta data, trabalhadas pelo pensamento kardecista, transformam-se em divisões espirituais, estratos sócio-sagrados. É neste sentido que devemos compreender a fórmula que pode parecer contraditória: continuidade descontínua do sagrado. O mundo religioso enquanto oposto ao profano aparece, à primeira vista, como densamente homogêneo: basta porém analisá-lo mais aprofundadamente para perceber a que ponto a descontinuidade, as contradições sociais nele se inserem. A síntese umbandista traduz de maneira tão fidedigna o espelho-sociedade, que, voltando o olhar na direção da massa de "operários" espirituais, encontramos a dupla opressão do negro brasileiro, enquanto negro e membro da classe baixa. Oxalá permanece impávido em Aruanda enquanto os pretos-velhos se amontoam à beira do profano.

19. Roger Bastide, *Sociologie du Brésil,* Centre de Documentation Universitaire, Paris, 1955, p. 2.
20. Ver Costa Pinto, *Sociedade e Desenvolvimento.*

Exu, o Anjo Decaído

No capítulo anterior, mostramos como o universo umbandista traduz as estruturas sócio-econômicas sintetizando-as formalmente dentro de um novo sistema espiritual. Entretanto, o pensamento religioso vai além da criação de novos elementos simbólicos, ele se estende à tradição afro-brasileira para reinterpretá-la dentro do universo umbandista de compreensão do mundo. O estudo da Umbanda nos leva assim ao conceito de reinterpretação; neste capítulo trataremos basicamente deste mecanismo simbólico, tomando a divindade Exu como seu ponto de aplicação.

Herskovits define reinterpretação como sendo "o processo pelo qual os antigos significados se adscrevem a novos elementos ou através do qual valores novos mudam a significação cultural das velhas formas".[1] A reinterpretação cultural preserva significados antigos dentro de novas formas, ou conserva velhas formas dentro de novas significações. Embora o autor considere que o conceito de reinterpretação também se aplique a uma mesma cultura (a este respeito ele fornece dois exemplos lingüísticos: a modificação do sentido das palavras *chauffeur* e *factory),* ele tende a reduzir seu uso a culturas diferentes que entram em con-

---

1. Melville Herskovits, *Man and His Works,* p. 375; ver do mesmo autor *L'Héritage du Noir,* Paris, Présence Africaine, 1966.

126 RENATO ORTIZ

tato. Privilegiando este aspecto do problema, Herskovits analisa como o negro americano interpreta sua religião em termos de sincretismo entre santos e orixás; ou reinterpreta, no protestantismo, suas antigas crenças, por exemplo, a exaltação do poder do Santo Espírito (culto de transe), ou ainda a importância exagerada atribuída ao rio bíblico Jordão (culto dos rios na África).

Roger Bastide, em seu estudo sobre as religões africanas no Brasil, coloca-se dentro desta mesma perspectiva; para ele trata-se de compreender como o negro africano reinterpreta seus valores religiosos no catolicismo e no protestantismo; enfim, como na Umbanda são conservadas as velhas formas do pensamento negro.

Nosso trabalho situa-se numa perspectiva inversa; ele não toma o pensamento africano como ponto de partida, mas, ao contrário, compreende como a sociedade brasileira, no nível do pensamento umbandista, reinterpreta os elementos de uma cultura afro-brasileira. A reinterpretação se realiza assim dentro de uma ótica valorativa de uma cultura moderna, que, embora integre os elementos de um passado tradicional afro-brasileiro, vai assimilá-los em termos de civilização e de moral, isto é, através de valores compatíveis com uma nova estrutura social. Insistimos porém que os termos moderno e tradicional são aqui utilizados como princípios descritivos, nada tendo a ver com uma teoria dualista que pretende separar as partes atrasadas de um sistema (assincronia) das partes adiantadas. Existe na Umbanda a conservação do velho dentro de novas formas de significado, ao mesmo tempo em que novas formas e valores emergem com o desenvolvimento do país. Para compreendermos como este processo de reinterpretação age, consideremos o deus Exu e sua metamorfose ao longo da história brasileira.

Segundo Parrinder, o deus iorubá Exu, chamado Legba pelos Ewé, "não desfruta de uma posição do mesmo nível que os outros deuses (africanos); ele não tem nem clero nem centro de aprendizado para fiéis. Na realidade se associa a toda divindade como intermediário entre elas e os homens".[2] Esta característica diferencial de Exu se manifesta no seio da própria linguagem mitológica iorubá, pois o deus não figura na lista dos orixás

2. Parrinder, *op. cit.* p. 82.

INTEGRAÇÃO E LEGITIMIZAÇÃO SOCIAL   127

que nascem do ventre de Iemanjá.[3] O papel do intermediário entre os deuses e os homens foi suficientemente estudado por Herskovits, que associa Exu ao culto de Ifa (o destino), mostrando sua importância enquanto mensageiro divino. "Ifa é o destino, a vontade dos deuses. Legba, enquanto intérprete oficial dos deuses e de suas mensagens, transmite às várias divindades as recompensas ou punições ordenadas pelo Destino."[4] Exu aparece então como tradutor das palavras divinas, por isso ele introduz o acaso na ordem do mundo; enquanto intérprete das mensagens divinas, ele detém um poder de avaliação, que lhe permite alterar o destino dos homens. Roger Bastide, em seu estudo sobre o candomblé nagô, mostra que o caráter *trickster* desta divindade decorre justamente de sua qualidade de mediador; para o autor, Exu é "o regulador do cosmos, aquele que abre as barreiras, traça os caminhos".[5] Se muitas vezes ele parece "contrariar sua finalidade essencial (a ordem do universo), introduzindo no mundo divino e humano a desordem, as querelas, as desventuras, trata-se sempre do reverso do equilíbrio, sobre o qual ele vela com a maior atenção".[6] A característica de *trickster* levou os primeiros pesquisadores dos costumes daomeanos a confundir Exu com o demônio católico. Herskovits insiste, porém, que tal representação religiosa é totalmente estranha ao pensamento africano; ela resulta da influência ideológica dos cânones morais da Igreja católica.[7] Com efeito o orixá africano se situa fora do dualismo bem e mal; ao mesmo tempo que recompensa, ele pune os homens com sua cólera divina. Por exemplo, o deus Omulu castiga muitas vezes brutalmente o mundo dos homens através da peste. Esta dimensão nefasta da divindade faz com que pesquisadores munidos de conceitos embebidos na tradição católica vissem em seu culto uma dimensão exclusiva do mal; somente mais tarde Omulu foi reconheci-

3. Ver R. Bastide, *Le Candomblé de Bahia,* O mito do nascimento dos orixás encontra-se em Arthur Ramos, *Introdução à Antropologia Brasileira,* p. 52.
4. Herskovits, *Dahomey: An Ancien West Africain Ringdom,* N. York, I. I. Augustin, 1938, p. 201.
5. Roger Bastide, *Le Candomblé de Bahia,* p. 170.
6. Roger Bastide, *ibid.*
7. Herskovits, *Dahomey..,* p. 223.

128 RENATO ORTIZ

do como sendo uma divindade da Terra.[8] Nota-se que a dissociação do bem e do mal, com acentuação do caráter maléfico, não se estendeu somente a Legba, tendo sido Omulu também objeto da mesma incompreensão.

Outro aspecto marcadamente africano de Exu é seu caráter fálico. Isto pode ser observado na representação escultural da divindade, que freqüentemente é dotada de um *phallus* proeminente; Parrinder, referindo-se a uma destas figuras, diz: "eu vi uma, do tamanho de um homem natural, que vestia um capacete para proteger-se do sol, um bracelete, e que exibia naturalmente seu *phallus*".[9] A expressão do falismo não se reduz à escultura, ela se manifesta fortemente nas danças em honra da divindade. Pierre Verger mostra que na tribo Fon (Abomé) "os Legba do convento e Sapata e Hevioso se manifestam através dos *Legbas* durante as cerimônias habituais destas divindades. Os *Legbas* vestem uma saia de palha violeta, têm um chapéu de cor violeta ornamentado com objetos diversos, e carregam a tiracolo inúmeros colares de contas. Eles levam, dissimulado na saia, um volumoso *phallus* de madeira, o qual levantam repetidas vezes, fazendo mímicas eróticas. Algumas vezes eles trazem uma espécie de caça-moscas de plumas violeta, no qual escondem um bastão em forma de *phallus* que balançam ironicamente no nariz da assistência".[10] O caráter erótico da divindade não se limita porém a esta manifestação do falismo; Herskovits indica a que ponto os mitos confirmam o apetite sexual de Exu. [11]

É interessante notar que os pesquisadores que estudaram os cultos afro-brasileiros pouco insistiram sobre o caráter erótico de Exu. Roger Bastíde acreditava que o falismo estava em vias de desaparecer nestes cultos, pois ele seria incompatível com o puritanismo brasileiro.[12] É possível que nos candomblés nagôs os traços do falismo não tenham grande importância, entretanto, tudo indica que em certos candomblés angolanos ele se

8. Parrinder, *op. cit., p.* 63.
9. Parrinder, *ibid., p.* 81.
10. Pierre Verger, *Notes sur le culte des orisa et vodum,* Mémoire de l'Institut Français d'Afrique Noire, Dakar, 1957, p. 114.
11. Herskovits, *Dahomey..., p.* 225.
12. R. Bastide, "Immigration et Métamorphose d'un Dieu", in *Le Prochair et le Lointain,* Paris, Cujas, 1970, p. 216.

INTEGRAÇÃO E LEGITIMIZAÇÃO SOCIAL 129

apresenta ainda com toda sua força. Ao visitarmos com Roger Bastide, em sua última viagem ao Brasil, um terreiro de candomblé em São Paulo, encontramos uma imagem de Exu, tamanho natural (como a de Parrinder), que exibia um *phallus* duplo, o que vem reforçar a sexualidade do deus. Porém é sobretudo na Umbanda e na macumba que esta dimensão erótica da divindade se manifesta mais insistentemente.

Na passagem de Legba ao Brasil, sob a influência de condições sociais diferentes, os traços africanos da divindade se transformaram. Primeiro, sua ligação com Ifa desaparece, pois a organização sacerdotal africana desagrega-se com o tráfico; Roger Bastide analisa este fenômeno no que diz respeito à utilização do *opelê,* jogo de adivinhação pertencente a Ifa, e do *dilogum,* búzios de Exu.[13] Ele constata que no Brasil o *dilogum,* manipulado pelo babalorixá, elimina o opelê do babalaô, o qual desaperece em face da concorrência do pai-de-santo. Exu torna-se desta forma um deus independente de Ifa. Segundo, a questão que nos parece importante, sob a influência da Igreja Católica, o dualismo entre bem e mal se prenuncia nas funções da divindade. É bem verdade que nos candomblés Exu não é assimilado à encarnação do mal; inúmeras particularidades do deus confirmam este ponto de vista. Ele guarda ainda sua função de intermediário entre os deuses e os homens, o padê de Exu, oferenda que se faz à divindade antes de se iniciar qualquer cerimônia religiosa, preenche o papel de mediador entre sagrado e profano. A recusa de confundir Legba com o princípio do mal pode também ser observada no sincretismo com os santos católicos. Por exemplo, em Porto Alegre ele é sincretizado com São Pedro e Santo Antônio. "São Pedro conserva o caráter intermediário de Exu, seu caráter de porteiro, de guarda das aberturas das casas; Santo Antônio, porque é representado freqüentemente por um círculo de tentações e de mulheres que ele vê vindo das chamas do inferno. Ora, Exu é na África um deus do fogo, cuja cabeça forma o sol."[14] Entretanto, apesar desses exemplos, Legba aparece também sincretizado com o

---

13. R. Bastide e Pierre Verger, "Contribuição ao estudo da adivinhação no Salvador", in *Revista do Museu Paulista,* São Paulo, v. VII, 1953, pp. 357-380.
14. R. Bastide, *Immigration et Métamorphose d'un Dieu,* p. 222.

130 RENATO ORTIZ

Diabo; neste caso, toma-se em consideração unicamente o caráter *trickster* do deus, o que implica uma primeira descaracterização da divindade. Nina Rodrigues observa, já em seu tempo, que os negros, submetidos à influência do catolicismo, tinham tendência a assimilar Exu ao demônio.[15] Uma conseqüência importante deste fato é a transformação do significado do padê. O sacrifício não será mais interpretado como oferenda a um deus intermediário entre o sagrado e o profano; cultua-se Exu em primeiro lugar porque ele é um deus cruel, ciumento, podendo portanto interromper a cerimônia litúrgica. A demonificação acentua-se porém no que diz respeito ao lado mágico da divindade, transformandose o padê no *ebó;* "como o resto do padê deve ser jogado fora, na rua, um pouco de força mística continua a palpitar no galo sacrificado; as pessoas que encontram o *ebó* na rua têm medo, pois se eles o tocam com os pés, caem doentes e se imaginam punidos pelos deuses. Passa-se assim, insensivelmente, do *ebó* religioso, ao *ebó* mágico. Doravante faz-se passar ritualmente as forças maléficas de Exu no animal e coloca-se este animal morto no caminho daquele que se quer destruir. Isto trará infelicidade ao indivíduo visado quando este encontrar ou tocar o *ebó*."[16]

Outro aspecto que aproxima a divindade da dimensão do sinistro é a forma do transe das filhas de Exu, pois contrariamente à tradição africana onde Legba não tem um centro de aprendizado para os fiéis, no Brasil, ele desce sobre a cabeça de alguns cavalos, embora o fenômeno seja de certa forma raro. Não se diz porém que a pessoa está possuída por Exu, mas que ela o carrega. Edson Carneiro é bastante claro a este respeito: "uma pessoa não é filha de Exu, mas tem um carrego de Exu, uma obrigação para com ele durante toda a vida. Este carrego se entrega a Ogunjá, um Ogum que mora com Oxóssi e Exu, e se alimenta de comida crua, para que *não tome conta* da pessoa. Se, apesar disto, se manifestar, Exu pode dançar no candomblé, *mas não em meio aos demais orixás*".[17] Por outro lado a mímica do transe se assemelha à possessão demoníaca, arrastando-se a filha pelo chão

---

15. Ver Nina Rodrigues, L´*Animisme Fétichiste des Nègres de Bahia,* Bahia, 1900.
16. Roger Bastide, *Immigration...,* p. 220.
17. Edson Carneiro, *Candomblés da Bahia,* p. 85.

INTEGRAÇÃO E LEGITIMIZAÇÃO SOCIAL 131

com os cabelos em desalinho, o vestido todo sujo; Edson Carneiro vê neste tipo de transe um caráter de manifestação de sofrimento, uma espécie de provação.

Pode-se concluir que no candomblé Exu ainda conserva certos traços africanos; entretanto uma tendência a expulsá-lo para as fronteiras do mal se anuncia. Mas, tendo em vista a existência de uma multiplicidade de exus, pode-se estabelecer facilmente uma divisão de trabalho; desta forma o Exu que guarda a entrada do candomblé é considerado maléfico, enquanto aquele que se situa no *pegi*, que recebe os sacrifícios de sangue, tem a função de ajudar os que solicitam sua proteção. Na passagem da África para o candomblé, Legba caminha em direção ao dualismo do bem e do mal; entretanto, para que ele se especialize num desses compartimentos divisórios do mundo, é necessário esperar ainda o nascimento da Umbanda; somente neste momento uma ruptura profunda se estabelece entre estas duas regiões do sagrado.

O Exu Umbandista

Embora exista no candomblé uma tênue separação entre bem e mal, pode-se afirmar que ela se refere exclusivamente aos ritos, não se aplicando porém ao cosmo religioso propriamente dito. Já na Umbanda, o universo sagrado se transforma, tornando-se os orixás guardiães das legiões e falanges espirituais, mensageiros da luz. Desta forma, um Caboclo Urubatão da linha do Oxóssi não poderá jamais realizar um ato maléfico, não porque lhe falte força ou conhecimento para tanto, simplesmente porque um ato desta natureza é incompatível com sua posição espiritual. O universo umbandista se divide então em dois: a Umbanda, domínio do bem; a Quimbanda, núcleo do mal. A que corresponde esta divisão do espaço sagrado? Para esclarecer este aspecto da questão voltaremos nossa atenção para o pensamento africano, pois ele permite compreender como Exu foi gradativamente expelido para a região das trevas da Quimbanda.

Luc de Heush, num estudo sobre o pensamento mágico-religioso banto, mostra a existência de uma dicotomia entre ma-

132 RENATO ORTIZ

gia branca e magia negra.[18] Estas duas dimensões distintas de um mesmo fenômeno estão estreitamente interligadas; Heush constata que no mundo banto o feiticeiro se opõe sempre ao antifeiticeiro. Desta forma o *nkanga* para os Mongo, o *nganga* para os Luba e Kongo, são indivíduos especializados nas práticas que têm por finalidade entravar a ação nociva do feiticeiro maléfico. Os estudos sobre a África portuguesa mostram que o binômio feiticeiro-antifeiticeiro também se encontra nesta região. Segundo Oscar Ribas, existe em Angola o *kimbanda,* sacerdote que celebra o culto dos espíritos *(ondele),* que se opõe ao *mulôji,* especialista nos malefícios.[19] Valente, outro etnólogo português, assinala a presença do *kimbanda* ao qual se contrapõe o *onganga,* senhor da magia negra.[20] Apesar das variações, que são possivelmente de ordem local, *mulôji* ou *onganga* representam nos dois casos o antipolo da magia branca. Resta-nos porém compreender como o vocábulo *umbanda* se associa a esta visão dicotômica da magia. Segundo os estudiosos da África portuguesa, a palavra é de origem *kimbundo;* José Quintão traz algumas precisões a respeito; umbanda (curar) deriva de kimbanda (feiticeiro) quando se antecede esta última do prefixo *u,* associado ao radical *mbanda.*[21] Entretanto o autor só assinala um dos aspectos da palavra, o de curar; Heli Chatelain fornece outros significados da mesma expressão: "faculdade ou arte de adivinhar por meio de remédios naturais e sobrenaturais; arte de consultar o espírito dos mortos, dos gênios e dos deuses; arte de induzir estes espíritos a influenciar os homens; força curativa dos espíritos, objetos materiais ou fetiches que estabelecem o contato entre os espíritos e o mundo físico".[22] Como mostra Valente, a expressão se

18. Luc de Heush, "Pour une approche structuraliste de la pensée magico-religieuse bantque", in *Pourquoi L'Epouser,* Paris, Gallimard, 1971, pp. 170-188.
19. Oscar Ribas, *llundo,* p. 45.
20. Francisco Valente, "Feiticeiro ou Quimbanda", *Ultramar,* Lisboa, ano 10, n. 39, 1970, pp. 97-112.
21. José Quintão, *Gramática de Kimbundo, Museu de Luanda,* s.d.p.
22. Heli Chatelain, "Forktales of Angola", citado por A. Ramos in *Antropologia Brasileira,* p. 184. Ver também Heli Chatelain, *Gramática Elementar de Kimbundo,* 1888-1889, republicado cm N. Jersey, Greg Press Incorporated, 1964.

INTEGRAÇÃO E LEGITIMIZAÇÃO SOCIAL 133

desdobra para associar-se por um lado aos objetos fetiches, por outro àquele que possuir esta arte, ou seja, o *kimbanda*. A *umbanda* aparece, assim, como o saber do *kimbanda* em oposição à *uanga*, ciência da feitiçaria. No Brasil ocorre uma separação da arte do *kimbanda*, de sua pessoa de sacerdote-feiticeiro; o *kimbanda* é expulso para a região da Quimbanda enquanto parte de seu saber, a *umbanda*, é reinterpretado segundo os valores da sociedade brasileira. Uma curiosa inversão se opera: a Umbanda transforma-se em magia branca em oposição à Quimbanda, magia negra.

Quais são porém os critérios que separam bem e mal, Umbanda/Quimbanda? Fontenelle, intelectual umbandista, nos fornece uma primeira resposta a este respeito. Lemos em sua definição na prática quimbandista: "Quimbanda, baixo espiritismo ou magia negra, religião afro-brasileira, praticada pelos negros no Brasil... A Quimbanda continua no firme propósito de manter as antigas tradições dos seus descendentes africanos, ao passo que a Umbanda procura, pelo contrário, afastar completamente esse sentido incivilizado das suas práticas, devendo-se à influência do homem branco, cujo grau de instrução já não as admite".[23] Neste enunciado observa-se de um lado a oposição entre tradicional e moderno, de outro o contraste entre cultura negra e cultura branca. Como já vimos em outros capítulos, o branco e o mulato embranquecido não podem recusar a herança das religiões negras, pois o contato das raças, a mestiçagem, contaminou os diversos estratos da sociedade brasileira. Desta maneira o pensamento umbandista reinterpreta a tradição afro-brasileira, dentro das categorias de bom ou maléfico. Uma vez mais constatamos que a sociedade global funciona como modelo de classificação, identificando-se a magia negra à magia de negro. Neste sentido podemos afirmar que os orixás da Umbanda são entidades brancas, enquanto Exu é a única divindade que conserva ainda traços de seu passado negro — sugestivamente ele se associa ao reino das trevas. Um primeiro significado de Exu pode ser inferido: ele é o que resta de negro, de afro-brasileiro, de tradicional na moderna sociedade brasileira. Eliminar o mal reduz-se, portanto, a desfazer-se dos antigos valores afro-brasileiros, para melhor se integrar na sociedade de classes. Esta oposição entre culturas

23. Aluísio Fontenelle, *O Espiritismo no Conceito das Religiões*, p. 77.

RENATO ORTIZ

diferentes, que se exprime através de um conflito de cor, ultrapassa de muito a questão da divindade Exu; ela será discutida com maiores detalhes no próximo capítulo. Outra dimensão de Exu é a que o associa a idéia de morte. Analisando-se os tipos de demandas que os homens endereçam aos espíritos, observa-se que a morte forma uma categoria à parte, podendo somente ser considerada pelos exus. Jamais um fiel ousaria pedir a morte de alguém a uma entidade de luz; ele se arriscaria certamente a indispô-la e a ser punido. Ora, um Exu, mediante certas oferendas e donativos, pode realizar tais desejos. Os intelectuais religiosos dirão que estas práticas se desenvolvem fora da região da Umbanda, limitando-se à esfera negativa da magia negra; apesar deste argumento, observa-se uma aproximação de Legba com a morte. A vizinhança com a morte não se reduz entretanto às práticas de demanda; Exu, além de possuir a qualidade de matador, representa simbolicamente a dimensão das trevas; ele é o fundamento teórico dos crimes que se realizam na face da terra. Basta percorrer os jornais para se perceber até que ponto o deus africano se associa à idéia de criminalidade; um exemplo:[24]

Antônio, Darci e Marina se encontram numa loja que vende objetos para o culto da Umbanda e candomblé. Visto que Marina se declara mãe-de-santo, Antônio lhe pede uma consulta. A moça recusa, pois é época de Carnaval, tempo desfavorável aos trabalhos espirituais. Ela convida-o porém a continuar a conversa em sua casa. Aí eles falam de vários assuntos; Antônio insiste novamente sobre o pedido da demanda, o que Marina recusa. Marina cai entretanto num estado de semitranse, e quando Antônio lhe passa um colar em volta da cabeça, ela não resiste mais, abandonando-se completamente à entidade que a possui.

Segundo testemunhas, Antônio incorpora um Exu e Maria uma Pomba-Gira. Durante o transe os espíritos continuam a conversa, mas se desentendem por causa do com-

---

24. O texto (com algumas modificações) foi tirado da reportagem "Umbanda no Banco dos Réus", in *Diário da Noite,* 22/6/73, p. 7.

INTEGRAÇÃO E LEGITIMIZAÇÃO SOCIAL   135

portamento de Exu. A entidade incorporada em Marina irrita-se, apanha um punhal (ponteiro) e, dum único golpe, fere-o no peito.

Pode-se talvez interpretar esta história como uma finalização trágica de um caso amoroso. Primeiro o encontro ocasional, em seguida o convite à casa, a recusa; depois a mulher que se abandona nos braços do transe. Exu representa o princípio masculino, Pomba-Gira, princípio feminino; mas o encontro tem um desenlace inesperado, transformando-se o idílio em tragédia. O que nos parece interessante observar é a coerência do pensamento religioso que interpreta de forma sistematizada a ação do crime. Visto que se trata de um ato criminoso, os espíritos em questão só podem pertencer à zona mais atrasada do reino divino, a Quimbanda. Não se deve esquecer que é época de Carnaval; neste período do ano as casas de culto fecham normalmente suas portas, pois acredita-se que a terra esteja infestada de entidades de baixa vibração. Encontramo-nos aqui diante de uma crença de origem afro-brasileira; com efeito, durante os festejos carnavalescos os orixás não descem nos candomblés, sendo o mundo povoado pelos eguns; trabalhar nestas condições tornase extremamente perigoso. O crime situa-se assim dentro de uma perspectiva religiosa; ele se justifica porque os atores estavam fora de si, ou melhor, não eram mais eles mesmos, no momento em que as paixões se desencadearam. Não é o homem quem mata mas Exu; o homem é possuído pelo diabo. A religião fornece desta forma as representações coletivas para a realização dos desejos humanos.

Observando-se as diferentes espécies de Exu da região da Quimbanda, a associação com a morte tende a se reforçar. Tomemos como exemplo alguns nomes que qualificam este gênero de espírito: Exu-Cemitério, Exu-Crânio, Exu-Meia-Noite, Exu-Morcego, Exu-Calunga.[25] Na qualificação espiritual nos deparamos com a sombra da morte; aliás a prática de se fazerem oferendas aos exus nos cemitérios é bastante corrente. Na tenda Caboclo Tupinambá (SP), depois da sessão do *Cujo*, o pai-desanto se dirige com um pequeno cortejo ao cemitério, onde ofe-

25. Teixeira Neto, *Umbanda dos Pretos-Velhos*, pp. 75-76.

136 RENATO ORTIZ

rece ao espírito um coração de boi ritualmente preparado. Outro traço que acentua a correspondência de Exu com o reino da morte é sua curiosa assimilação ao gênio banto Kalunga e à divindade daomeana Omulu. Kalunga é na mitologia africana ao mesmo tempo deus do mar e da morte;[26] algumas vezes o encontramos no Brasil ligado aos cânticos de Iemanjá; trata-se porém de sua acepção marítima. Já quando associado a Exu, ele conserva a dimensão tenebrosa de deus dos túmulos. Como compreender porém o sincretismo com Omulu? Os urabandistas têm a tendência de considerar Omulu como o chefe da "linha das almas", um dos compartimentos sagrados da Quimbanda.[27] Eles chegam mesmo a dizer que sob as ordens deste orixá se agrupa "o povo dos cemitérios", um exército de Exus-Omulus, que cresce e evolui nos túmulos e nas criptas. Desta maneira Omulu, honorifiçado e cultuado no candomblé, não encontra lugar no céu umbandista (ele não figura nas sete linhas), sendo rejeitado para o domínio da Quimbanda. Esta confusão de papéis se deve certamente ao fato de que Omulu é o deus da varíola; castigando os homens por meio da peste, ele adquire no Brasil uma dimensão fatal, sendo associado à dimensão das trevas. Parrinder confirma que os primeiros pesquisadores europeus confundiam Sapata (Omulu), deus da Terra, com uma divindade puramente maléfica; não é pois surpreendente vê-lo associado a Exu, sobretudo levando-se em conta o pensamento umbandista que cada vez mais se distancia das raízes africanas.

A análise do universo religioso permite compreender que à distinção magia branca/magia negra, Umbanda/Quimbanda, bem/mal, corresponde a diferença vida/morte. Entretanto sabemos pelos trabalhos de Hertz, que a morte representa a dimensão da desordem, ela introduz uma perturbação no sistema da vida.[28] Desta forma, aos pólos antitéticos enunciados se alinha um outro, o da ordem/desordem. A zona da Quimbanda aparece como fonte potencial de distúrbios; os exus, agindo no mundo, ameaçam a ordem umbandista. Veremos mais adiante que estes espíritos repre-

---

26. Ver Oscar Ribas, *op. cit.*
27. Lourenço Braga, *op. cit.*, p. 24.
28. Robert Hertz, "Etude Sur la Réprésentation de la Mort", in *Sóciologie Religieuse*, Paris, PUF, 1970, pp. 1-83.

INTEGRAÇÃO E LEGITIMIZAÇÃO SOCIAL 137

sentam realmente uma ameaça contra a qual os fiéis respondem por uma série de ritos negativos que têm justamente por finalidade reequilibrar a força maléfica. Sublinhemos, porém, que repartição antitética do mundo umbandista poderia ainda encontrar em Hertz uma outra correspondência: a de direita e esquerda.[29] Conhece-se bem a tendência que quer designar à mão direita todos os privilégios, relegando à esquerda somente os sortilégios; ora, os umbandistas não chamam os exus justamente de "forças de esquerda"?

Da Ambivalência: Exu-Pagão/Exu-Batizado

Vimos na parte relativa à doutrina que o princípio de evolução coloca os elementos antitéticos Umbanda/Quimbanda dentro da unidade de um mesmo sistema. Como é possível que noções tão contraditórias como ordem/desordem, bem/mal, se harmonizem dentro do quadro religioso? Neste aspecto o pensamento umbandista demonstra mais uma vez coerência e imaginação. Como a região da Quimbanda não é homogênea, e se compõe de partes diferentemente sacralizadas, os níveis superiores desta divisão de mundo serão considerados mais "puros" do que os níveis inferiores. Para designarem melhor esta heterogeneidade do universo sagrado, os teóricos atribuem a cada região um tipo de Exu diferente: Exu-Pagão, Exu-Batizado. Cavalcanti Bandeira, referindo-se a estas duas formas de espiritualidade, considera: [30]

"São situações que os próprios nomes definem, pois o Exu-Pagão é tido como o marginal da espiritualidade, sem luz, sem conhecimento da evolução, trabalhando na magia do mal e para o mal, em pleno reino da Quimbanda, sem que, necessariamente, não possa ser despertado para evoluir de condição. Já o Exu-Batizado, caracteristicamente definido

29. R. Hertz, "La Préeminence de la Main Droite", in *Sociologie Religieuse,* pp. 84-107.
30. Cavalcanti Bandeira, *O que é a Umbanda,* p. 138.

como alma humana, sensibilizada pelo bem, palmilhando um caminho de evolução, trabalha, como se diz, para o bem, dentro do reino da Quimbanda, por ser força que ainda se ajusta ao meio, nele podendo intervir, como um policial que penetra nos antros de marginalidade".

Exu se qualifica portanto como uma divindade ambivalente, podendo realizar tanto o bem quanto o mal; esta propriedade lhe confere o poder de interligar dois compartimentos religiosos: Umbanda/Quimbanda. Tomemos, de passagem, por um momento a idéia de elemento de ligação. Vamos reencontrar esse traço africano de Exu (mestre das encruzilhadas, rei das aberturas) no universo umbandista, só que reinterpretado segundo uma nova perspectiva: a de rito de passagem. Com efeito, como o nome indica, existe um antagonismo que separa o pagão daquele que é batizado; a Umbanda vai rejeitar o Exu-Pagão para admitir em seu culto somente as entidades que tenham sido batizadas, dito em outras palavras, um Exu deve receber o sacramento do batismo, sem o que ele não será aceito na "igreja" umbandista. A porta, a encruzilhada, não têm mais a função exclusiva da comunicação, elas adquirem uma dimensão nova, a de promoção espiritual. Os exus que ultrapassam o liminar estão iniciados numa região mais sagrada que é a Umbanda; o batismo representa o rito de separação que lhes dá a oportunidade de participar do reino da luz. Entretanto, mesmo que estas entidades tenham se separado de seu meio anterior, acontece que elas não se acham ainda plenamente integradas ao novo ambiente; falta-lhes justamente o que Van Gennep chamou de rituais de agregação. Daí os exus possuírem um caráter ambivalente; se já sofreram uma iniciação religiosa, não a terminaram completamente.

A noção de ambivalência se reproduz na concepção umbandista do homem, o qual se compõe de duas partes: o ego superior e o ego inferior; ao primeiro corresponde o reino da luz, ao segundo o das trevas.[31] Como exprime Oliveira Magno: "Todo homem tem um Eu superior e um Eu inferior; assim, na atual Umbanda todo médium tem um espírito familiar, seu protetor

---

31. Sílvio Pereira Maciel, *Umbanda Mista,* Rio de Janeiro, Espiritualista, n. 15.

INTEGRAÇÃO E LEGITIMIZAÇÃO SOCIAL 139

ou caboclo; mas também tem um Exu familiar que o protege e
o defende; é esse ser inferior, esta alma pagã, esse ser animal
que o homem tem que educar e purificar transmutando-o em
corpo luminoso do espírito, ou, como diz São Paulo, transmutar
o homem animal, filho da Terra, em homem espiritual, filho
adotivo de Deus".[32] Por detrás desta visão dual do espírito humano, esconde-se portanto a noção de ordem; o desequilíbrio,
a desordem, tanto do mundo religioso quanto do profano,
correspondem à vitória do ego inferior sobre o ego superior, de
Exu sobre os espíritos da luz. O problema que o pensamento
religioso coloca é portanto o da domesticação da parte inferior
pela superior. Os umbandistas são claros a este respeito, e utilizando uma linguagem pseudopsicanalítica eles dirão: "O sub-
consciente (ego inferior) bem educado e adestrado é a base da
prosperidade e felicidade do indivíduo; mais uma vez afirmamos que a salvação e felicidade do homem, tanto espiritual como
material, está na educação, purificação e sublimação do inconsciente".[33] A ética religiosa culmina assim na prática de uma moral
repressiva.

Nosso estudo sobre Exu nos leva a três conceitos: separação entre bem e mal (orixá-exu), subordinação dos exus aos espíritos de luz (vitória do ego superior sobre o inferior) e ambivalência. É necessário porém examinar como estes princípios
doutrinais se manifestam no corpo do ritual religioso; para tanto
analisaremos como se desenvolve uma sessão onde os exus são
invocados.

O culto de Exu se caracteriza pela inversão das sessões de
caridade; vários indícios permitem situar o ritual dentro do pólo
negativo da Umbanda. Primeiro as cortinas do altar se fecham,
o que denota uma ruptura entre os santos do congá e os exus
que descem. Na Tenda do Caboclo Tupinambá a inversão da
ordem religiosa é fortemente marcada; as cadeiras têm suas
posições invertidas, o que obriga o público a voltar as costas
para o altar. A entrada profana da sala de culto transforma-se
em culto onde se manifestam as entidades; isto demonstra claramente a distinção qualitativa que se estabelece na utilização do

32. Oliveira Magno, *Umbanda e Ocultismo,* p. 24.
33. Oliveira Magno, *Umbanda e seus Complexos,* p. 52.

solo onde normalmente baixam os caboclos e pretos-velhos. Outra precaução que indica o grau de periculosidade dos exus é a prática que submete cada pessoa da assistência aos processos de defumação individual; durante a defumação o cliente pronuncia uma prece exorcizante. Na Tenda Vovó Maria Conga os exus só têm autorização para descer dentro do terreiro, o culto propriamente dito se desenrola no fundo do quintal; reforça-se assim a separação entre deuses e diabos que se anunciava com o fechamento da cortina.

A separação entre luzes e trevas, bem e mal, não é porém suficiente; é necessário ainda que o simbolismo dos ritos exprima a subordinação do princípio espiritual inferior ao princípio superior. Esta dependência se revela sobretudo através dos "pontos cantados". Por exemplo, canta-se primeiro a um preto-velho que abre os trabalhos; geralmente a cerimônia começa pela entoação de um cântico a Ogum, orixá conhecido pela sua força dominadora sobre os exus. Canta-se em seguida a Seu Tranca-Ruas, onde mais uma vez encontramos traços de submissão:

> O sino da Capelinha faz belem, blem, blom
> É meia-noite, o galo já cantou
> Seu Tranca-Ruas que é dono da gira
> *O dono* que Ogum *mandou.*

Os exus que se manifestam são portanto batizados, eles representam Ogum. A subordinação dos exus aos espíritos de luz é tão marcada, que o próprio espaço religioso reflete este imperativo categórico. Na Tenda Vovó Maria Conga (ver figura p. 100), no fundo do terreiro onde os exus trabalham, existem três árvores sagradas: uma mangueira e uma bananeira que pertencem respectivamente a Exu Mangueira e Exu Veludo; entre elas, uma amendoeira de Tia Margarida, preta-velha, conhecedora da magia negra. Entre dois pólos maléficos, situa-se um pólo de luz que neutraliza o domínio das trevas. Como se a precaução fosse ainda insuficiente, encontra-se ao pé do muro um pequeno altar com três imagens: duas de Santo Antônio, uma de São Benedito. A vigilância desses santos reforça a ordem religiosa; deixar os exus livres significaria perder o controle da situação, o que poderia acarretar um desequilíbrio do sistema umbandista.

INTEGRAÇÃO E LEGITIMIZAÇÃO SOCIAL   141

Uma vez cumpridos os preceitos ritualísticos de separação e submissão dos exus às entidades de luz, a cerimônia se inicia. Na Tenda Caboclo Tupinambá a descida dos exus contrasta vivamente com a manifestação dos espíritos de caboclos ou pretos-velhos; eles derramam cachaça no chão, riscando no solo alguns pontos cabalísticos. Vez por outra bebem grandes goles de pinga no gargalo da garrafa, lambendo avidamente o chão para aproveitar as gotas que por acaso se percam. O material mágico é de outro estilo compondo-se sobretudo de velas negro-vermelhas, cores características do espírito. O transe marca fortemente o caráter demoníaco da sessão; os exus não andam mas se arrastam pelo chão, como que esmagados pelo peso de seus pecados. O próprio corpo se deforma, as mãos e os braços ficam retorcidos, o espírito fala com uma voz gutural gritando geralmente uma série de obscenidades. É interessante observar como a ambivalência se manifesta no seio deste teatro demoníaco. No início da sessão o chefe do terreiro, dirigindo-se aos médiuns, ordena-lhes firmemente que não digam obscenidades durante a incorporação; para isto cada cavalo reza uma prece especial. Porém o que caracteriza o espírito de exu é justamente seu comportamento atípico, sua atitude sexualizada em relação aos outros, os palavrões que saem livremente de sua boca. Desta forma não se pode eliminar o comportamento chocante, pois o estereótipo social fornecido aos exus é o da sexualidade; ele deve desempenhar corretamente seu papel. A prece e as reprimendas do pai-de-santo não devem por isso ser vistas como prescrições reais; elas exprimem simplesmente um valor simbólico; o da vigilância das normas sociais em face de uma manifestação momentânea de desequilíbrio. Os espíritos devem representar seus papéis mas sob a guarda dos valores sociais impostos pelo chefe da casa. Um exemplo esclarece bem este aspecto do problema. Neste mesmo terreiro um médium da casa consultava um espírito de exu, quando, por molecagem, este virou-lhe uma garrafa de cachaça na cabeça. Este tipo de prática, conceituada como altamente desrespeitosa pela etiqueta social, passa a ser permitida dentro de um ambiente de exus; é necessário porém que elas não conduzam ao deboche ou à desordem. Por isso o pai-de-santo permanece sempre vigilante, velando pelo bom andamento da sessão. Caso um Exu pratique atos muito chocantes, ele é imedi-

142   RENATO ORTIZ

atamente repreendido, e, se insiste em continuar sua ação, o chefe do terreiro o faz caminhar imediatamente de volta ao reino perdido das trevas. O traço que caracteriza portanto uma sessão de Exu é o da sexualidade. É claro que a dança não conserva mais aquele caráter fálico observado por Pierre Verger nas tribos Fon, mas a fisionomia sexual da divindade persiste, muito embora ela seja expressa e compreendida de outra maneira. A sexualidade se manifesta sobretudo no nível da linguagem, pois a "obscenidade" é parte intrínseca do estereótipo espiritual. Em algumas tendas a "descida" dos exus provoca um tumulto geral, insistindo os espíritos em tratar as pessoas da assistência com apelativos de bicha e de prostituta. Por outro lado, o teor das conversações homem-deus é eminentemente sexual. Como as consultas se fazem em voz alta, a assistência degusta com prazer os infortúnios sexuais do outro. A ambivalência se manifesta porém mais uma vez dentro do quadro religioso. Os exus não podem aceitar qualquer tipo de demanda; sendo eles batizados, os pedidos considerados sórdidos são recusados, uma vez que o médium recebe uma educação moral compatível com os padrões da sociedade global. Assim, uma demanda como a morte, ou um pedido escandalosamente sexual, tem pouca chance de ser atendido pelos exus umbandistas. Na Tenda Pai Oxalá o policiamento dos exus é feito por meio dos cambonos que não caem em transe. Todas as prescrições transmitidas aos clientes são recolhidas pelos cambonos e controladas por um Exu chefe, Seu Tranca-Ruas. Em última instância, é este Exu mais evoluído quem decide do conteúdo moral da demanda. Se a desordem sexual aflora durante a sessão, não é menos verdade que o universo religioso secreta antídotos que retomam em mãos os possíveis desajustamentos do sistema.

A relação de subordinação dos exus às entidades de luz foi objeto de um estudo interessante da parte de Marco Aurélio Luz. O autor, colocando-se numa perspectiva étnica, mostra como Santo Antônio e São Benedito controlam os exus. Fazendo uma sócio-análise do altar umbandista ele demonstra como estes santos católicos "substituem e representam os feitores que eram em geral mulatos que exerciam o aparato repressivo do Estado na formação colonial escravista brasileira. Vigiando e castigan-

INTEGRAÇÃO E LEGITIMIZAÇÃO SOCIAL 143

do, mantinham em funcionamento o processo produtivo e reproduziam as relações sociais de produção.[34] O simbolismo umbandista representaria assim as relações entre senhor e escravo. Apesar de nossa análise não se situar nesta mesma perspectiva, é bem verdade que nossas conclusões, tomadas para o conjunto da sociedade, são convergentes; a análise dos papéis de Santo Antônio e São Benedito confirmam este aspecto da questão. Com efeito, vimos que estes santos, no terreiro de Vovó Maria Conga, desempenham o papel de vigias dos exus. Considerando o sincretismo Santo Antônio-Exu, não como o faz Roger Bastide, que toma Exu como um deus do fogo, mas dentro de um quadro esclarecido pelo nosso tipo de análise, surge outra linha de interpretação. Na realidade podemos pensar que o sincretismo Exu-Santo Antônio deriva do fato de estas duas figuras estarem associadas, uma e outra, através de um mesmo elemento: a tentação. Santo Antônio simboliza justamente o triunfo das forças do bem sobre as tentações do Inferno; por isto a hagiografia católica o representa como que emergindo das chamas, após uma luta incessante contra os desejos diabólicos. Ele transparece assim numa etapa de transição entre o bem e o mal, a luz e as chamas; sua auréola lhe confere uma posição superior, seus pés indicam entretanto que se encontra ainda na proximidade do mundo do pecado. A posição de feitor, intermediário entre senhor branco e escravo, encontra desta forma uma correspondência no mundo religioso; os Exus-Santo Antônios são também intermediários, os guardas batizados do limiar da ordem umbandista. Reencontramos assim o problema da ordem social tal qual nós o havíamos colocado no capítulo referente à doutrina do carma. Enquanto os espíritos de luz representam a ordem social, os exus, entregues a si mesmos, podem ameaçar a ordem existente; por isto devem ser disciplinados e vigiados. Santo Antônio, pelo seu caráter mediador, é justamente aquele que se ocupa da manutenção da ordem, da reprodução das relações capitalistas da produção.

Apesar da ambivalência dos exus, a Umbanda se caracteriza por um movimento centrípeta que tende a expulsar do seu centro as paixões e os desejos humanos considerados sórdidos;

---

34. M. A. Luz, *O Segredo da Macumba*, p. 67.

144   RENATO ORTIZ

neste sentido ela vai recalcá-los sob a máscara dos caboclos e pretos-velhos. As tendências líbidinosas do ego inferior só podem portanto se manifestar através de espíritos ambíguos, os exus, que são rigidamente controlados pelo código moral do ego superior. A liberação destas tendências também se realiza numa linguagem de transe, mas fora do domínio da Umbanda; passamos assim para o terreno da macumba.

O Exu Macumbeiro

Os umbandistas distinguem com bastante atenção Umbanda e Quimbanda, magia branca, magia negra; eles rompem (momentaneamente) desta forma com a ambivalência dos exus, re legando-os ao lado negativo da religião. Se por acaso estas entidades são aceitas no culto, deve-se observar que elas são objeto de uma desconfiança permanente, o que faz com que sejam aceitas com uma certa prudência. A declaração de um intelectual religioso ilustra bem este aspecto: "Não pode ser processada a magia branca às segundas e sextas-feiras, em vista da intensa vibração reinante na Terra nesses dias, provocada pela magia negra. Notem que é nesses dias que se processam os trabalhos nos terreiros de Quimbanda, ou os chamados terreiros cruzados. Não se iludam, se lhes disserem, nesses locais, que trabalham na magia branca nos outros dias. Não há a mínima possibilidade de se praticarem as duas magias simultaneamente. Ou uma, ou outra. As duas juntas anulam-se. Somente podemos admitir a evolução de uma para atingir a outra, mas vamos dar nomes aos bois, ou melhor dito, aos que queiram evoluir da Quimbanda para a Umbanda, através da Umbanda cruzada. Jamais poderá ser chamada esta prática de magia branca, pois a magia branca não admite em seu seio os exus. Todo este trabalho, consideramos de grande valia, para atingir a Magia Branca da Umbanda, porém não se pode chamar o primário de faculdade, embora tudo seja escola. Cada qual no seu lugar".[35]

35. Marcos Scliar, *Umbanda, Magia Branca,* Rio de Janeiro, Eco, 1971, p. 35.

INTEGRAÇÃO E LEGITIMIZAÇÃO SOCIAL   145

O discurso mostra como a posição umbandista é ambivalente diante dos exus: é necessário aceitá-los. recusando-os. Por isto as diferenças entre regiões sacralizadas são importantes; não se deve esquecer os limites entre a escola primária e a universidade. Entretanto a divisão magia branca/magia negra não tem nenhum caráter científico, pelo contrário, ela é toda ideológica, e reflete os valores de uma determinada moral que quer se diferenciar de outra a qualquer preço. Na realidade não existe nenhum terreiro especializado exclusivamente no ramo maléfico da magia negra, o que existe são certas tendas que, realizando trabalhos de caridade, desenvolvem ao mesmo tempo atividades conotadas como demoníacas. A distinção entre bem e mal aparece desta forma como inoperante para caracterizar um terreiro de Quimbanda; aliás, como considerar maléficas as práticas de um macumbeiro que procura curar doentes? Esta conclusão não é surpreendente, pois a oposição Umbanda/Quimbanda nada mais é do que um argumento forjado pela ideologia umbandista; na verdade a Quimbanda não tem uma existência concreta, ela é uma realidade simbólica criada pelo universo religioso. As categorias umbandistas são frutos de um pensamento ideológico; por isso devemos tentar compreender a macumba fora do contexto moral que opõe bem e mal. Isto pode ser feito se tomarmos o significado dos exus dentro da chamada prática quimbandista.

A principal diferença que se estabelece entre Umbanda e macumba é a ruptura entre a submissão dos exus às entidades de luz. Se, na Umbanda, Exu trabalha sob as ordens dos caboclos e pretos velhos, na macumba, ele é o dono de sua cabeça, não devendo obediência a ninguém. Seu Tranca-Ruas tem sua individualidade própria e não pertence a nenhuma linha ou vibração umbandista. A este respeito a estruturação das sete linhas da Quimbanda não passa de um produto do pensamento umbandista; ele reflete a vontade de sistematização inerente a este meio, nada mais. Nenhum macumbeiro tomou como projeto sistematizar num conjunto coerente as práticas que ele realiza; são sempre os escritores umbandistas que falam da Quimbanda em termos de unidade que se opõe à Umbanda. Retendo-se esta idéia de "sistematização num conjunto coerente", pode-se analisar a oposição Umbanda/Quimbanda numa perspectiva durkheimiana que opõe

146   RENATO ORTIZ

a religião à magia.[36] Muito embora esta distinção seja difícil de ser estabelecida, pode-se dizer que a magia tende para um agregado de ritos pouco sistematizados dentro de uma totalidade, tendo por principal característica a eficácia; neste sentido as práticas mágicas são multiplicadas ao infinito. É por isto que qualquer projeto de ordenação do universo quimbandista redunda num esforço inútil, aparecendo a Quimbanda como uma série de práticas mágicas não sistematizáveis; não é por acaso que Matta e Silva "erra" no cálculo das linhas da Quimbanda; na realidade estas linhas só exprimem a aplicação do pensamento umbandista num domínio onde a coerência do conjunto é inexistente. A Quimbanda nada mais é do que a macumba vista através do olho moralizador dos umbandistas e integrada numa teoria mais geral da evolução. Ela representa o esforço de um pensamento que quer ordenar o mundo segundo critérios morais, sociais e religiosos.

Na parte histórica de nosso trabalho mostramos que resulta da desagregação da memória coletiva africana, mas que, contrariamente à Umbanda, ela não corresponde a uma integração dos elementos africanos na moderna sociedade brasileira. Ela situa-se desta maneira numa posição à margem; os exus traduzem esta marginalidade, o impasse de um problema sem solução. Esta posição marginal é interpretada em linguagem mágico-religiosa, mas dentro de uma perspectiva nova; os exus vão se insurgir contra a ordem do universo umbandista, ou seja, a ordem da sociedade brasileira. Um exemplo mostra como a revolução espiritual do mundo umbandista se realiza através da linguagem simbólica. Referindo-se a uma sessão que havia presenciado, um intelectual e chefe de terreiro diz:

"Tivemos a oportunidade de visitar, em certa ocasião, um terreiro que nos deixou, uma das piores lembranças de nossa vida. O terreiro em si estava muito bem localizado e arrumado, e a sua assistência numerosa, destacando-se pessoas de ótimos trajes e de boa apresentação. O corpo de

36. Durkheim, *Les Formes Elemeniaires de la Vie Religieuse*, Mauss, "Esquisse d'une Théorie Générale de la Magie", in *Sociologie et Anthropologie*. Paris, PUF, 1968, pp. 3-144.

INTEGRAÇÃO E LEGITIMIZAÇÃO SOCIAL

médiuns era numeroso e parecia que iríamos assistir a uma verdadeira concentração umbandista. Mas logo depois vimos quanto estávamos enganados. Ao bater meia-noite apagaram-se as luzes normais e se acenderam pequenas luzes vermelhas. Nisso o pretenso ogã começou a cantar para os compadres. Após isto, baixaram-se as cortinas, tapando o congá, e se iniciaram os cantos para Exu. Foram então arriando... Maria Padilha, Diabo-Chefe, os diabinhos. Após várias exibições (engolir fogo, tomar azeite quente) chamaram aqueles que tinham em seu poder um embrulhinho e mandaram que colocassem o mesmo à mostra. Não foi pequeno o nosso espanto ao ver que aqueles embrulhinhos continham pequenas imagens de Santo Antônio. Os kiumbas, então, seguravam e avidamente comiam as cabeças das imagens (?), e o restante, qual seja, o que sobrava daquelas imagens, ordenavam que se jogasse fora. Depois beberam cachaça, pularam, gritaram, tudo num crescente ritmo de alucinação".[37]

O exemplo esclarece como os exus se insurgem ritualmente contra a ordem do sistema religioso umbandista. O ritual de "devorar a cabeça" simboliza esta contestação de maneira exemplar; elimina-se de forma brusca a vigilância do que havíamos chamados os Exus-Santo Antônios, para que a liberação se dê sem nenhuma "pressão luminosa". Por outro lado, um ponto que chama a atenção no discurso do líder umbandista é que tudo que ele tacha de "exibição", de "terrificador", não significa mais do que desvios em relação à ordem estabelecida pela Umbanda. Na macumba os exus vão se situar fora da ambivalência, pois toda tentativa de submeter o mal ao bem, o ego inferior ao superior, desaparece. Existe portanto no seio desta linguagem simbólica uma recusa do cosmo umbandista; enquanto a Umbanda significa a integração na sociedade brasileira, a macumba denota a marginalidade no seio desta mesma sociedade. Não é por acaso que ela floresce, sobretudo no Rio de Janeiro, junto às favelas cariocas.

---

37. "Umbanda x Feitiçaria", in *Revista Mironga,* Rio de Janeiro, nov. 1972, pp. 34-36. Outro exemplo pode ser encontrado em Renato Ortiz, "Exu", in *Revista Planeta,* Ed. Três, n. 18, 1973.

RENATO ORTIZ

Georges Lapassade quis ver na macumba um movimento de contracultura, e tentou algumas vezes identificá-lo ao movimento hippie.[38] Tal interpretação do fenômeno religioso nos parece todavia errônea, pois a idéia de contracultura, mesmo concebida num sentido vasto, parece totalmente estranha aos cultos de origem afro-brasileira. Se podemos considerar a macumba como contestadora, isto deriva não do fato de que ela queira ser marginal, mas ao contrário, por ela não poder integrar-se dentro da ordem da sociedade brasileira. Por isso o culto não tem força revolucionária, mas é simplesmente sinal de uma conjuntura sócio-econômica mais ampla, onde a marginalidade social é um fator integrante. Por outro lado, a comparação com o movimento hippie carece de fundamento, pois se este emerge como um movimento de contestação ao desenvolvimento da sociedade pós-industrial, a macumba é o resultado da rejeição de uma sociedade que se industrializa num país subdesenvolvido. A contestação da macumba é mais um drama, o drama de uma camada social que é estruturalmente excluída de participar dos valores da sociedade global.

Nosso estudo sobre Exu na Umbanda mostra como nos distanciamos do deus africano Legba, e o que é mais importante, como este distanciamento se efetua através do mecanismo de reinterpretação. A divindade *trickster* se transforma assim em um Exu-Santo Antônio, espírito em evolução, ao mesmo tempo em que guarda um caráter ambíguo, o de Exu-Pagão. O traço de mensageiro, que é preservado no candomblé, desaparece, e se alguns umbandistas o conhecem, ele não desempenha nenhum papel ritual, é simplesmente fruto de um saber adquirido na leitura de livros antropológicos. Submetido à dicotomia do bem e do mal, Legba transforma-se em espírito arrependido, obedecendo desta forma ao apelo das entidades de luz. Ele é acorrentado às regras morais da sociedade brasileira, e se por acaso conserva seu caráter sexual, este só se manifesta sob a vigilância atenta de Santo Antônio. A inversão dos papéis implicaria o caos da ordem umbandista, a vitória do apocalipse sobre o ego superior. Uma última conclusão se impõe: por detrás do simbolismo religioso se descortina ainda a noção de ordem social; a Umbanda, através da

---

38. Georges Lapassade, *O Segredo da Macumba.*

INTEGRAÇÃO E LEGITIMIZAÇÃO SOCIAL 149

teoria da evolução, caminha para a integração social, enquanto a macumba, relegada à loucura dos Exus-Pagãos, se conforma a uma posição marginal dentro da sociedade. Da análise da divindade Exu, uma conclusão importante pode ser depreendida: o processo de reinterpretação se realiza de acordo e orientado pelos valores da sociedade global. Nos capítulos que seguem comprovaremos que este é um axioma válido para todos os níveis da prática umbandista, transpassando não somente o panteão espiritual como também os ritos religiosos e o comportamento mediúnico. A sociedade brasileira transparece, assim, como a verdadeira chave para a compreensão da Umbanda.

Em Busca da Legitimidade

Continuando nosso estudo das transformações das práticas africanas, analisaremos agora alguns ritos de origem afro-brasileira, mostrando como a memória coletiva negra é penetrada por valores culturais e de classe. Como primeiro exemplo, tomaremos o ritual de iniciação ao candomblé; ele é rico em significados, sua ausência na Umbanda indica a nova orientação seguida pelos valores religiosos.

A *camarinha* é um rito de passagem que marca profundamente uma ruptura entre a vida profana do fiel e sua vida sagrada, dentro da comunidade, da qual passa a participar.[1] Nos terreiros tradicionais da Bahia este rito ainda segue os preceitos africanos, traduzindo a iniciação com grande fidelidade as raízes da África no Brasil.[2] O fenômeno da camarinha foi estudado detalhadamente por vários autores, entretanto vamos considerá-lo em seus traços gerais, destacando aqueles que nos interessam mais de perto.

O primeiro passo para a entrada na seita religiosa é a identificação do santo da cabeça da fiel; uma vez realizado este rito, supõe-se que a adepta deva se dedicar à autoridade e às exigências do seu orixá, sob pena, em caso de recusa, de ser punida. As divindades africanas manifestam sua vontade através de múlti-

---

1. Sobre ritos de passagem, ver Van Gennep, *op. cit.*
2. Pierre Verger, *Les Dieux d'Afrique,* Paris, Hartmann, 1955.

RENATO ORTIZ

plos sinais: sonhos, acontecimentos fortuitos, jogo dos búzios. Todas estas modalidades servem de canais de interpretação para o babalorixá. O deus pode ainda se manifestar na forma de "santo bruto"; por exemplo, uma assistente caí em transe no decorrer de uma cerimónia religiosa. Em qualquer desses casos a iniciação deve ser levada a cabo, e a neófita entra no terreiro por um período de reclusão, durante o qual o ritual se desenrola. O tempo de iniciação varia nas diversas nações: quinze dias, um mês, às vezes mais. Binon Cossard, estudando o candomblé de Joãozinho da Goméia no Rio, fala em três meses de confinamento.[3] Durante todo este tempo a neófita fica proibida de deixar o terreiro sob qualquer pretexto.

Logo que a futura iniciada penetra no candomblé, é submetida às regras ritualístícas. Primeiro a filha toma um banho purificador que tem por finalidade lavá-la das manchas do mundo profano; em seguida realiza-se o *bori*, ou cerimônia do "dar de comer à cabeça". O ritual de sangue detém aqui um lugar de grande importância: são sacrificados pombos e galinhas em homenagem ao orixá. O pai-de-santo corta a cabeça da ave e, apresentando-a à inicianda, faz com que ela sorva três vezes com a língua o sangue que escorre pelo pescoço do animal decapitado.[4] Em seguida derrama o sangue na fronte, nas têmporas, na nuca, no interior das mãos esquerda e direita, e no tornozelo do pé esquerdo da neófita. Após o sacrifício envolve-se a cabeça da fiel com plumas dos pássaros abatidos, e, cortando a carne do animal sacrificado, "dá-se de comer à cabeça". A filha permanece nesta posição incômoda, os alimentos sobre a cabeça, até o término da cerimônia. O bori não faz parte do ritual de iniciação propriamente dito; se a pessoa se conforma em parar neste estágio da participação religiosa, ela se torna *abiâ*, espécie de força de reserva do candomblé.

Caso a fiel queira se iniciar mais profundamente no dogma da religião, os ritos continuam; novos sacrifícios de sangue são realizados. Manoel Querino fala na matança de pombos e gali-

---

3. Binon Cossard, *op. cit.*
4. Pierre Verger, "Première cérémonie d´initiation au culte des orixá nago à Bahia au Brésil", in *Revista do Museu Paulista,* São Paulo, 1955, I. IX, pp. 269-291.

INTEGRAÇÃO E LEGITIMIZAÇÃO SOCIAL   153

nhas-d'angola.[5] Raspa-se a cabeça da filha-de-santo, com a completa depilação, em certos candomblés, das axilas e púbis. A neófita é confinada em seguida à camarinha, só podendo sair do quarto em ocasiões especiais. Ela é submetida a tabus alimentares e sexuais; durante o tempo da reclusão não pode dirigir a palavra a ninguém, comunicando-se com os outros por meio de palmas. A camarinha é um lugar de aprendizagem, aí a neófita toma conhecimento das *obrigações* que estreitam seus laços de parentesco com seu Orixá, ao mesmo tempo em que se familiariza com as regras de funcionamento da comunidade religiosa; desta forma ela se integra à vida do terreiro. O período de aprendizado termina com um novo banho de sangue; desta vez um animal de quatro patas é sacrificado, o que indica uma participação mais profunda com o sagrado. O ritual atinge seu clímax, daí para frente prepara-se a volta da filha-de-santo ao mundo profano. Nascida para a seita, ela deve porém dar o nome, pois todo nascimento implica um rito de nomeação. No domingo seguinte à cerimônia do dar o nome celebra-se o *panâ* que tem por finalidade reintroduzir a filha no universo do cotidiano.

Analisando-se o ritual de iniciação sob a perspectiva de sua funcionalidade, constata-se que esta cerimônia não pode subsistir sem chocar-se com certas necessidades de reprodução da sociedade capitalista. O período de reclusão é longo demais, o que o torna incompatível com o tempo de trabalho prescrito pela sociedade. Por outro lado, o custo de uma cerimônia deste tipo é muito elevado, ultrapassando as magras economias da clientela dos custos afro-brasileiros. O sacrifício dos animais, a confecção das roupas, as festas e as refeições em comum, tudo deve ser financiado pela filha-de-santo. As despesas não param aí; de tempos em tempos, deve-se celebrar um bori para fortificar a cabeça, e regularmente realizam-se as obrigações dos orixás. Em todas essas práticas o sacrifício de animais é essencial, pois o sangue é o elemento mediador entre o sagrado e o profano. Ora, o preço dos animais é bastante elevado, e acresce o modo de vida urbano que impede ainda de criá-los no fundo do quintal como frequentemente se faz nas zonas rurais. A opção pela Umbanda

---

5. Manoel Querino, *Costumes da Raça Africana,* Rio de Janeiro, Livro Progresso, 1955, p. 65.

154 RENATO ORTIZ

aparece, assim, sob uma perspectiva funcional, como mais vantajosa. O testemunho de uma sacerdotisa umbandista que frequentou antes o candomblé ilustra bem este aspecto: [6]

"Frequentei só um ano o candomblé. Mas eu saí porque é muito puxado demais. Depois, a gente tem que fazer muitas obrigações e vai muito dinheiro. Gasta muito, e eu num tinha posses pra tá frequentando o candomblé. Porque uma camarinha eles cobram mais ou menos um milhão e meio pra fazer (em 1973). Um bori, por menos de seiscentos cruzeiros eles num fazem. Então, quer dizer que eu não tinha posses pra tá gastando esse dinheiro. Então eu achei que a Umbanda não tem essa começão de dinheiro, essa exploração. Os filhos-de-santo fazem a obrigação pra determinado santo, e gasta somente aquela quantia exata que os filhos compra. Eles mesmo compra o material e traz no terreiro, a mãe-de-santo prepara e faz o maci e as obrigações dos filhos-de-santo".

Acusa-se desta forma o candomblé de ser uma fonte de desperdício de dinheiro, um lugar de exploração da credulidade popular; ao trabalho pago dos cultos afro-brasileiros opõe-se a caridade gratuita da Umbanda. O problema das despesas encontra, pois, na religião umbandista uma solução original; um primeiro resultado é a ausência de gastos no sacrifício de animais, uma vez que estes tendem a ser abolidos.

O mesmo raciocínio pode ser aplicado à adequação do indivíduo ao ritual de iniciação e à frequência ao culto. Enquanto no candomblé a passagem entre mundo profano e mundo sagrado se faz de forma marcada (a reclusão), no caso da Umbanda é a assiduidade cotidiana às sessões que ensina ao médium as regras e o comportamento religioso. Não existe um período específico, correspondente à camarinha, que isola o indivíduo do mundo, ministrando-lhe um aprendizado religioso. Por outro lado o culto é celebrado à noite, após o trabalho dos fiéis, integrando harmonicamente tempo religioso e tempo cotidiano. Ao contrário do candomblé, onde a vida comunitária exige muito mais dos parti-

6. Entrevista com uma mãe-de-santo.

INTEGRAÇÃO E LEGITIMIZAÇÃO SOCIAL 155

cipantes, o umbandista aparece como um trabalhador que pratica, algumas vezes por semana, sua tarefa religiosa. Não existe, por assim dizer, uma clivagem entre o culto e a sociedade onde vive, pelo contrário, a relação é complementar.

A análise funcionalista, rapidamente desenvolvida acima, parece-nos parcialmente válida, mas ela não explica o porquê das transformações das práticas afro-brasileiras.[7] Sem negar que o preço dos animais influencia a função do sacrifício, não podemos aceitar esta explicação como causa primeira do desaparecimento dos ritos de sangue. Como justificar que justamente nos terreiros de classe média, por conseguinte os mais ricos, o sacrifício é praticamente inexistente, enquanto que nas tendas populares ele ainda persiste? O problema, longe de ser uma equação funcional, parece-nos ser de cunho ideológico. Por detrás do jogo de funcionalidades se esconde um conflito muito mais amplo que se trava contra os valores da sociedade global. Deixemos falar os umbandistas para ver o que eles pensam das práticas de origem afro-brasileira:[8]

"Não deve haver sacrifício animal (na Umbanda), não há mais razão para a matança, a qual provém da magia africanista milenar, e por força dessa influência há muito impregnado de sua prática, empanando a leveza, o colorido e o perfume das obrigações rituais. Não se justificam (pois) os sacrifícios de animais, que pelos seus fundamentos cabem nos cultos afro-brasileiros... na Umbanda que cada dia mais vem integrando, nos ensinamentos de Cristo, a tendência é aboli-los".

Jorge de Oliveira, referindo-se às oferendas que se fazem aos espíritos nos rios, no mar e nas cachoeiras, denuncia a "sujeira" destas práticas que aviltam a religião umbandista:[9]

7. Sobre o funcionalismo, ver Malinowski, *Une Théorie Scientifique de la Culture,* Paris, Maspéro, 1968, e Radcliffe-Brown, *Structure el Fonction dans la Société Primitive,* Paris, Minuit, 1968.
8. Cavalcanti Bandeira, *op. cit.,* pp. 184-185.
9. Jorge de Oliveira, *Umbanda Transcendental,* Rio de Janeiro, Eco, 1971. pp. 46 e 50.

156   RENATO ORTIZ

"É comum ver-se (nesses lugares) panelas, alguidares, garrafas, fitas, assim como rabadas de porco, carnes sangrentas e até sangue puro de animais abatidos. Isto é pura ignorância, cega maldade. É desconhecimento completo do valor sagrado, espiritual e vibratório desses reinos... A Umbanda divina não aceita tais rituais bárbaros, que demonstram infelizmente o atraso mental de muitas criaturas. É tempo e é hora de darmos um fora a esses intrusos, expulsando da Umbanda os vendedores do Templo, pois, se Jesus Cristo usou o chicote para expulsá-los, usemos nós agora a espada de Ogum, o machado de Xangô, pois parece estar chegando a hora de colocarmos as coisas em seu devido lugar".

Trata-se certamente da posição de dois autores umbandistas; ela reflete entretanto um clima geral característico da *intelligentzia* religiosa; basta analisar a literatura litúrgica para constatar a que ponto esta é pontilhada pelo mesmo discurso ideológico. Os sacrifícios de animais, as oferendas alimentares, o ritual da camarinha tornam-se, sob o pensamento umbandista, sinais de "ignorância", "barbarismo", "atraso mental", enfim, práticas de negro. Não é por acaso que Aluísio Fontenelle vai relegá-las ao reino da Quimbanda; como mostra Roger Bastide, o negro, envolvido pelo movimento de transformação social, deve se embranquecer. Suas práticas mágico-religiosas são combatidas pela sociedade global, pois elas se opõem aos novos valores sociais. O regulamento da Federação Umbandista do Estado de São Paulo mostra até que ponto a ideologia religiosa interiorizou esta crítica valorativa exercida pela sociedade global. São interditados: [10]

1. bebidas alcoólicas de toda espécie: cachaça, cerveja e vinho;
2. facas;
3. pólvora;
4. animais vivos ou mortos;
5. plantas venenosas;
6. tambores depois das 21 horas;

10. Federação Umbandista do Estado de São Paulo (mimeo.).

INTEGRAÇÃO E LEGITIMIZAÇÃO SOCIAL 157

7. imagens com chifres ou rabos para impressionar a assistência ou aqueles que venham em busca de lenitivos.

As proibições se voltam sobretudo contra a prática de certos rituais mágico-religiosos; o "atraso espiritual", o "barbarismo" situam-se na natureza da matéria, isto é, nas imagens, na bebida consumida, no sacrifício dos animais. O pensamento umbandista, diante desta rejeição das origens negras, vai substituí-la por justificações de tipo racional. Interdita-se desta forma a utilização da pólvora em nome da segurança das pessoas, a presença dos tambores em nome do sono dos vizinhos: [11]

> "Os tambores não podem ser tocados todas as semanas, mas especialmente nas ocasiões de festas em homenagem às grandes entidades espirituais. O chefe do terreiro determinará o dia do mês para a batida dos tambores, de modo a resguardar o sono da vizinhança, salvo se o terreiro estiver situado em lugar ermo".

A oposição entre valores culturais se complica ainda na medida em que valores de classe se manifestam. As federações, dirigidas frequentemente por elementos pertencentes às classes médias, vão moralizar e purificar a imagem que a religião oferece ao público e à sociedade. Desta forma, valores como "limpeza", "boa apresentação", penetram no culto e passam a comandar as práticas e o comportamento dos médiuns: [12]

> "Os médiuns, mesmo aqueles cujos protetores trabalham descalços, devem entrar no terreiro de sapato branco, de tênis, que serão tirados depois, devendo o uniforme e os sapatos estarem irrepreensivelmente limpos, pela má impressão que a falta de asseio causará à assistência".

> "O chefe do terreiro e seus auxiliares imediatos zelarão para que nos locais das cerimônias não fiquem detritos,

---

11. Artigo 63 do Código Sacerdotal Umbandista e Afro-Brasileiro. Byron T. Freitas e V. C. Freitas, *Os Orixás e a Lei da Umbanda,* Rio de Janeiro, Eco, 1969, p. 95.
12. Cavalcanti Bandeira, *op. cit.,* p. 174.

RENATO ORTIZ

cascos de garrafas, restos de comida e sinais de falta de cuidado e asseio." [13]

Ou ainda: [14]

"Fica proibida a colocação, nas encruzilhadas urbanas, dos denominados despachos contendo garrafas ou outros materiais que prejudiquem o tráfego e ofereçam perigo às crianças, além de escandalizarem os cultos de origem africana".

É evidente que nos encontramos diante de enunciados ideológicos, e não na presença concreta de práticas culturais; na realidade a sujeira ou limpeza das manifestações mágico-religiosas variam segundo suas posições no *continuum*. Por exemplo, nos terreiros mais pobres, tem-se o hábito de dançar descalço; a proposição de Bandeira é que faça com que o médium entre calçado na sala de culto, tirando os sapatos em seguida. Segundo o autor, isso preservaria a boa apresentação do ambiente, o que equivale a dizer que o calçado possui um valor simbólico de máxima importância. As duas outras proposições também se endereçam aos cultos menos ocidentalizados; conservam-se certas práticas como o despacho, mas somente na medida em que elas se inserem dentro de valores de classe; reinterpreta-se assim o passado em termos de posição social. Observa-se portanto uma variação dos elementos religiosos ao longo do *continuum;* se a religião incorpora os valores legítimos da sociedade global, sua absorção não se realiza porém de forma homogênea; ela varia segundo a posição do terreiro dentro do gradiente religioso. Um exemplo interessante a este respeito é a utilização de bebidas pelos espíritos; esta prática encontra soluções diferentes de acordo com as diversas posições que assumem as casas de culto ao longo do *continuum*. Enquanto que nas casas mais ocidentalizadas existe uma tendência a suprimir o uso de bebidas alcoólicas, muitas vezes substituindo-as pelo guaraná, nos cultos menos ocidentalizados esta prática é ainda bastante difundida. Pode-se entretanto falar numa hierarquia de bebidas, estabelecendo-se assim

---

13. Artigo 54 do Código Sacerdotal Umbandista, p. 93.
14. *Ibid.,* Artigo 80, p. 98

INTEGRAÇÃO E LEGITIMIZAÇÃO SOCIAL 159

um gradiente alcoólico que vai da cachaça ao champanha, passando pela cerveja e o vinho. A pinga, bebida de pobre, simboliza a baixa espiritualidade, enquanto que o champanha passa a significar evolução espiritual. Com efeito, em vários terreiros diferenciam-se os exus em função do tipo de bebida empregada. Uma Pomba-Gira bebe falso champanha, muitas vezes em copo de cristal, quando desce num terreiro classe média; ela deve porém se conformar com o gargalo de uma garrafa de cachaça nas tendas mais populares. O gradiente alcoólieo é permeado assim pelas sendas da teoria da evolução; mais uma vez confirma-se que a espiritualidade evolui no sentido da ascensão social.

Teixeira Neto, distinguindo os Exus-Batizados dos Exus-Pagãos, fornece um excelente exemplo da penetração dos valores culturais pelos valores de classe. Descrevendo o líder da falange dos exus, ele dirá: "Fala pausadamente com delicadeza extrema. Possui porte ereto e elegante; prefere sempre os mais finos charutos e, como bebida, usa os melhores vinhos ou bebidas finas. O seu verdadeiro curiador, porém, é o absinto. Fala e escreve corretamente o francês".[15] Já referindo-se ao exu de grau inferior, ele vai personificá-lo na forma de um negro horrendo, cuja pele do rosto é carcomida por pústulas de varíola.[16] Valores de classe, valores culturais, à distinção e elegância, aos cigarros finos, vinhos e absinto, se opõe a figura bexiguenta do negro, símbolo da baixa espiritualidade.

Como vimos no capítulo referente a Exu, a moral é outro valor que detém um lugar importante na ideologia umbandista. Aos olhos dos adeptos, as sessões do tipo comer-a-cabeça-de-santo-antônio só podem portanto contribuir para o descrédito da imagem pública da religião. É sobretudo aos exus, espíritos ambivalentes, que o discurso religioso endereça observações do tipo:[17]

"O chefe do centro ou terreiro não permitirá a realização de cerimônias estranhas ao culto ou que possam ofender a moral e os bons costumes, e causar a intranquilidade pública".

---

15. Teixeira Neto, *Umbanda dos Pretos-Velhos*, p. 88.
16. *Ibid.*, p. 89.
17. Artigo 79 do Código Sacerdotal Umbandista, p. 98.

160 RENATO ORTIZ

Referindo-se ainda aos exus, a *Revista Mironga* exclama indignada:[18]

"Chamamos a atenção dos dirigentes (dos terreiros) de as Entidades proferirem palavras de baixo calão. Assim não é possível a elas merecer nossa confiança, pretos-velhos, caboclos, ficam desmerecidos do nosso conceito e da confiança dos leigos. Desejo que nos terreiros haja respeito. Recentemente, num terreiro da Ilha do Governador houve distúrbios dessa natureza. Agora sou obrigado a aconselhar: quando presenciarem tais fatos, na volta se façam acompanhar de pessoa credenciada na cúpula e apresentem queixa à polícia contra tal terreiro. A polícia vai intervir, e isso reverte em nosso proveito, porque esses fatos desmoralizam nossa religião".

Jorge de Oliveira escandaliza-se, por sua vez, com as imagens que representam Pomba-Gira nos meios populares:[19]

"Não permita em seu terreiro a falsa concepção de Pomba-Gira como sendo uma mulher prostituída; vamos abolir este absurdo, esclarecendo aos médiuns sua real e verdadeira ação nos trabalhos de magia; retirem as estátuas que apresentam uma mulher de peito nu, pois isto é absurdo, cegueira e atraso espiritual".

Entretanto, até mesmo o comportamento dos espíritos de luz é penetrado por valores de classe. Segundo o princípio de evolução, existe uma estreita correspondência entre a manifestação mediúnica e o grau de educação dos médiuns. O transe se manifesta através de sinais de inferioridade, atraso e imperfeição, nos médiuns que "possuem uma tonalidade baixa, uma vibração lenta, uma luz vaga e imprecisa, uma sensibilidade grosseira que não pode se afinar com os elementos da mesma espécie, com as forças e entidades dos planos inferiores".[20] Este tipo de transe

---

18. "Exu", in *Revista Mironga,* Rio de Janeiro, ago.-set. 1972, p. 11.
19. Jorge de Oliveira, *op. cit.,* p. 63.
20. Matta e Silva, *Umbanda de Todos Nós,* p. 178.

INTEGRAÇÃO E LEGITIMIZAÇÃO SOCIAL   161

"inferior" é o mais difundido; ele se distribui, segundo Matta e Silva, entre 80% dos médiuns. Mais uma vez se confirma a relação entre pirâmide espiritual e pirâmide social; os valores de classe penetrando o universo religioso passam então a reger os atos mais banais, tais como cuspir ou gritar. Eles denotam a boa ou a má educação mediúnica, dito em linguagem religiosa, a maior ou menor elevação espiritual do médium. Pudemos observar que, sobretudo nos terreiros menos ocidentalizados, os indivíduos em transe, salivando bastante, cospem no chão. Este ato, considerado impróprio, é abordado explicitamente por Bandeira, quando se refere à orientação mediúnica:[21]

"Os médiuns, quando fizerem o uso do fumo, devem ser orientados de modo a não cuspirem. O cuspir é material, e o fumo e a bebida são elementos de precipitação fluídica".

Um movimento de valorização de classe idêntico existe a respeito do grito dos caboclos. Enquanto nos cultos de classe média estas entidades espirituais evitam fazer muito barulho, nas classes populares o ato de gritar é compreendido como uma vontade manifesta do espírito; ele se realiza portanto sem nenhuma coerção. Um exemplo mostra a que ponto os sinais de classe são importantes para os umbandistas. já nos referimos a esta mãe-de-santo do terreiro Vovó Maria Conga em Realengo; originária do candomblé, ela optou pela Umbanda começando a frequentar na sua juventude a Tenda Mirim, onde se pratica um ritual penetrado por valores kardecistas. Acontece porém que os hábitos desta senhora eram incompatíveis com os valores veiculados na Tenda Mirim; pressionada pelo grupo, ela teve portanto que recalcar seu comportamento anterior. Seu testemunho ilustra bem este aspecto do problema da oposição de valores:[22]

"Lá (na Tenda Mirim), os caboclos não bradam, eles são disciplinados. Mas Seu Caboclo Roxo não aceita, ele brada. (Benjamin) dizia pra ele subir e não bradar, quando voltava bradava ainda mais forte. Era um desacerto. Cada vez que

21. Cavalcanti Bandeira, *op. cit.*, p. 178.
22. Entrevista com uma mãe-de-santo.

162   RENATO ORTIZ

ele dizia pra voltar sem bradar, ele me jogava no chão. Lá é
taco, ele me jogava no chão com toda força. Eu ficava toda
marcada de roxo. Volta! Ele voltava e bradava mais forte.
Aí Vovó (outro espírito da mãe-de-santo) tomou a frente,
eu só trabalhava com ela. Caboclo Roxo passou pra trás.
Pra não me machucar, né? (Entretanto, Benjamim) tem uma
gira que eles chamam de macaia. É em Morro Agudo. Um
sítio enorme. O trabalho lá é semelhante ao da Tenda Mirim, só que lá é uma grande gira, é na terra e ao ar livre.
Então quando eu ia a essas noites, era uma beleza, porque
todo mundo se soltava. Não tinha aquela vigilância, né, porque eram mais de mil médiuns. E ali, dentro daquela macaia,
não podia ter, por mais subchefes que tivesse, não podia
nunca ter assim uma vigilância. Então eles dançavam e os
atabaques eram muitos. Uma beleza!"

A análise da religião umbandista mostra assim que no processo de integração social existe um duplo movimento de absorção de valores da sociedade global: são eles valores culturais e
valores de classe. Como sublinha Cândido Procópio de Camargo,
a doutrina "da evolução serve de instrumento ideológico de adaptação da tradição africana para uma prática religiosa mais em
harmonia com o estilo de vida urbano e racional".[23] Entretanto
Marco Aurélio Luz assinala, a propósito desta integração, que
evoluir significa procurar se assemelhar ao branco burguês ou
pequeno-burguês.[24] À oposição cultural se interpõe assim uma
oposição de classe.

Da idéia de integração chega-se então à noção de legitimação
da religião; Max Weber tem razão quando insiste que não é suficiente que os grupos ou instituições simplesmente funcionem; é
necessário ainda que eles se legitimem.[25] Para a Umbanda, a
sociedade urbano-industrial e de classes é a fonte dos valores
legítimos. São esses valores que, incorporados ao pensamento
religioso, vão orientar a reinterpretação das práticas de origem
afro-brasileiras.

23. Cândido Procópio de Camargo, *Kardecismo e Umbanda*, p. 43.
24. M. A. Luz, *op. cit.*, p. 90.
25. Max Weber, *Economie et Société*, Paris, Plon, 1970, t. I, p. 219.

O Discurso Umbandista

O conceito de legitimação deriva da sociologia weberiana e encerra dois sentidos que, embora complementares, são entretanto distintos. Ele é ora utilizado na acepção de justificativa de uma instituição social, ora significando um tipo de dominação qualquer. Em *Economia e Sociedade,* Max Weber se preocupa em desenvolvê-lo na sua relação com três formas de dominação: racional, tradicional e carismática. Neste capítulo empregamos a noção de legitimação no primeiro sentido, a elaboração do conceito sendo detalhadamente analisada por Peter Berger e Thomas Luckmann quando estes autores estudam os problemas relativos à sociologia do conhecimento: [1] a legitimação é desta forma o processo de justificação e explicação do mundo.

Como todo sistema simbólico, a Umbanda tende a legitimar a objetivação dos elementos de ordem sagrada que se encaixam dentro da lógica de seu universo religioso. Este esforço de legitimação, de explicação do mundo, é necessário, pois não se deve esquecer que a religião umbandista é um valor novo que emerge no seio da sociedade brasileira. Isto faz com que a religião se aproprie dos valores dominantes da sociedade global como elementos legitimadores, num sentido que muitas vezes se assemelha àquilo que os antropólogos chamaram de "fundação do mundo" quando estudaram os mitos das sociedades primitivas.

1. Peter Berger e Thomas Luckmann, *A Construção Social da Realidade,* Petrópolis, Vozes, 1973.

164 RENATO ORTIZ

O processo legitimador situa-se assim dentro de uma perspectiva histórica; ele determina o momento em que a religião busca um *status*, em conformidade com o conjunto de valores da sociedade brasileira. Encontramo-nos portanto diante de um processo de integração, mas de uma integração legitimada pela sociedade; daí a recusa e o horror das práticas negras e dos preconceitos de classe. A análise do discurso umbandista mostra como se desenvolve o trabalho da *intelligentzia* religiosa na busca de um *status* que corresponda aos valores dominantes da sociedade global. Ela ensina ainda de que forma estes valores dominantes agem como elementos e legitimação de uma religião emergente.

Considerando-se o discurso dos escritores umbandistas, pode-se considerar pelo menos três formas legitimadoras que concorrem para a integração da Umbanda na sociedade brasileira. São elas:

a) antiguidade da religião;
b) discurso científico;
c) discurso cultivado.

A Antiguidade da Religião

Um elemento constante da literatura umbandista são as soluções forjadas pelos teóricos, em resposta ao problema da origem da religião. A insistência com que a *intelligentzia* religiosa enfoca a questão da antiguidade da Umbanda mostra como a procura dos fundamentos sagrados é importante para a legitimação da religião. O tema das origens aparece incessantemente a partir dos primeiros escritos de 1941, e até hoje domina o palco literário do discurso umbandista. Pode-se distinguir duas correntes principais em relação ao problema da antiguidade da Umbanda: uma que concebe as origens, situada nas Índias; outra na África. A primeira corrente segue os passos do Primeiro Congresso Umbandista, enquanto a outra é de desenvolvimento mais tardio, e tenta reabilitar uma parte da África definitivamente perdida. A tese referente à origem da palavra Umbanda, defendida no Congresso de 1941, impera sobretudo nos meios umbandistas das classes médias; ela se encontra difundida, embora com diferen-

INTEGRAÇÃO E LEGITIMIZAÇÃO SOCIAL   165

tes matizes, ao longo de toda essa parte do *continuum* religioso.
Examinemos esta hipótese que situa a religião nos primórdios dos tempos:

"O vocábulo 'umbanda' é oriundo do sânscrito, a mais antiga e polida de todas as línguas da terra, a raiz mestra, por assim dizer, das demais línguas existentes no mundo. Sua etimologia provém da 'aumband' (ombandá), em sânscrito, ou seja, o limite no limitado. O prefixo 'aum' tem uma alta significação de magia, sendo considerado palavra sagrada por todos os mestres orientalistas, pois que representa o emblema da Trindade na Unidade... Segundo dados conhecidos, a Umbanda vem sendo praticada em terras brasileiras desde os meados do século XVI, sendo, por conseguinte, a mais antiga modalidade religiosa implantada sob o Cruzeiro do Sul, depois do Catolicismo, que nos veio com os descobridores. Trouxeram a Umbanda, no recôndito de suas almas atribuladas de escravos, vendidos como mercadoria de feira aos grãos-senhores do Brasil, os primeiros sudaneses e bantos que ali chegaram cerca do ano de 1530, procedentes de Angola, da Costa dos Escravos, do Congo, da Costa do Ouro, do Sudão e de Moçambique. Daí o ritual semibárbaro sob o qual foi a Umbanda conhecida entre nós, e por muitos considerada magia negra ou candomblé.

....
Sabendo-se que os antigos povos africanos tiveram sua época de dominação além-mar, tendo ocupado durante séculos uma grande parte do Oceano Índico, onde uma lenda nos diz que existiu o continente perdido da Lemúria, do qual a Austrália, a Australásia e as ilhas do Pacífico constituem as porções sobreviventes, fácil nos será concluir que a Umbanda foi por eles trazida do seu contato com os povos hindus, com os quais aprenderam e praticaram durante séculos.
E assim deve ser, decerto, a nossa concepção do espiritismo de Umbanda.
Umbanda não é um conjunto de fetiches, seitas ou crenças, originárias de povos incultos, ou aparentemente ignorantes;

166   RENATO ORTIZ

Umbanda é, demonstradamente, uma das maiores correntes do pensamento humano existentes na terra há mais de cem séculos, cuja raiz se perde na profundidade insondável das mais antigas filosofias".[2]

Esta teoria, que se encontra muitas vezes modificada nas obras umbandistas, esconde, como mostra Roger Bastide, uma vontade de embranquecimento.[3] Constrói-se desta forma um discurso imaginário, carente de qualquer objetividade histórica. A herança africana é assim rejeitada pela ideologia branca; a religião vai então se situar nas brumas de um passado mais "digno", as fontes sagradas originando-se na sabedoria hindu ou persa, como querem outros autores.[4] As dificuldades de integração social da religião, isto é, a presença de uma tradição afro-brasileira, são esclarecidas através de uma perspectiva histórica; se a Umbanda possui hoje rituais semibárbaros, é porque ela se degrada no contato com os povos africanos. Salva-se desta maneira a pureza da origem, mas o negro aparece uma vez mais como o fundamento aviltante da prática religiosa.

A segunda corrente vincula-se sobretudo à Federação Umbandista do Rio de Janeiro, fundada por Tancredo da Silva Pinto, e considera africana a origem da palavra Umbanda. Segundo o autor, o termo provém de uma tribo banto, os luandas-quiocos, situados no sul de Angola. Apesar da veracidade da informação, as fontes sagradas da origem aparecem descritas através de uma linguagem mitológica onde a antiguidade do homem se confunde com a antiguidade da religião. A África transforma-se em berço da humanidade, e as descobertas arqueológicas tornam-se provas científicas sobre as quais se fundamenta o argumento das origens religiosas. Referindo-se à arqueologia, Tancredo Pinto e Byron Freitas dizem: "... descobriu-se há alguns anos, na mina de Taung (África do Sul), o crânio fossilizado de um menino, considerado hoje o mais antigo vestígio humano, pois, de acordo com os cálculos do abade de Breuil, ele existe há

---

2. Anais do Primeiro Congresso de Espiritismo de Umbanda, citado por Decelso, *Umbanda de Caboclos,* Rio de Janeiro, Eco, 1967, pp. 20-21.
3. Roger Bastide, *As Religiões Africanas no Brasil.*
4. Ver Teixeira Neto, *Umbanda de Pretos-Velhos.*

INTEGRAÇÃO E LEGITIMIZAÇÃO SOCIAL   167

2 milhões de anos. Assim, a África foi o berço da humanidade... As pessoas que desconhecem a iniciação sacerdotal de grau elevado julgam que a Umbanda provém de religiões modernas. Nós, porém, temos afirmado a alta antiguidade da doutrina religiosa que estamos pregando e restabelecendo em seus verdadeiros fundamentos".[5] Como no caso anterior passa-se da origem de uma civilização à origem da religião; porém, se no exemplo precedente nos encontrávamos diante de uma vontade de embranquecimento, trata-se agora de uma inversão do processo: a África é revalorizada. Não é surpreendente que tal conotação se encontre justamente no pensamento de um descendente de escravos africanos; muito embora o autor se situe no seio da ambiguidade do homem de cor na sociedade brasileira, ele tenta reencontrar, ao menos no nível discursivo, as raízes perdidas da África.

Apesar das diferenças entre estas duas teorias da gênese religiosa, um ponto permanece em comum: a preocupação pelas origens.[6] Por que esta inquietação, esta insistência, senão a vontade de fundamentar as origens da religião? Na realidade o discurso opera uma transformação pouco sutil que faz que da origem milenar da palavra conclua-se sobre a origem milenar da religião. Os umbandistas não dizem que a Umbanda "é tão velha quanto o planeta",[7] que ela existe "desde o início da humanidade"?[8] Ela seria portanto "mais antiga do que o catolicismo e o kardecismo".[9] O discurso aparece assim como fonte legitimadora,

5. Tancredo S. Pinto, e Byron T. Freitas, *Camba de Umbanda,* Rio de Janeiro, Aurora, s.d.e., p. 152.
6. Duas outras teorias são ainda correntes sobre as origens. A primeira é defendida por Cavalcanti Bandeira e tem o mérito de se fundamentar sobre uma filologia científica. Graças a resultados de pesquisas antropológicas portuguesas, ele mostra como a palavra "umbanda" é de origem kimbundo. Entretanto o próprio Bandeira não se desvencilha da magia oriental; referindo-se a Exu, ele vai derivá-lo das divindades egípcias que tinham CHU por chefe de falange *(sic), op. cit.,* p. 46. A segunda, singular, reveste-se de um nacionalismo insosso que quer a qualquer custo situar as origens umbandistas no Brasil. A Umbanda seria portanto uma religião indígena *(sic),* Marcos Scliar, *Umbanda, Magia Branca,* pp. 92-93.
7. Sílvio P. Maciel, *Umbanda Mista,* p. 51.
8. Sílvio P. Maciel, *Alquimia de Umbanda,* p. 7, e Tancredo S. Pinto, *Camba de Umbanda,* p. 125.
9. Tancredo S. Pinto, *ibid.*

168 RENATO ORTIZ

mito de fundação da gênese umbandista; pouco importa a veracidade das provas históricas, elas não são relevantes. O problema é montar logicamente, num jogo de linguagem, um texto coerente que possa justificar a objetivação de uma instituição existente.[10] Graças à teoria da evolução, o pensamento umbandista possui um instrumental para construir um edifício discursivo que satisfaça as necessidades de fundamentação do mundo. Toda esta ginástica intelectual tem por finalidade reencontrar nos traços da evolução humana uma certidão de nascimento para esta filha bastarda da história brasileira. Contrariamente às religiões messiânicas que têm uma origem datada na pessoa do Messias, a Umbanda se perde na escuridão dos tempos históricos. A preocupação das origens traduz assim uma necessidade real do presente, o reconhecimento, pela sociedade, de uma nova religião que procura a qualquer preço seu lugar ao sol.

O Discurso Científico

Para compreendermos a relação Umbanda/Ciência, é necessário retornar às fontes do espiritismo kardecista, pois esta religião, influenciada pelo racionalismo francês, já havia estabelecido, desde meados do século passado, uma associação particular entre estas duas instâncias. Na realidade para Kardec o espiritismo não é simplesmente uma religião; ele revela, além da existência de Deus, as leis que regem o mundo dos espíritos, relacionando-o com o universo dos homens. Existe na religião um duplo aspecto: "ela é revelação divina e revelação científica".[11] O espiritismo trabalha, segundo o autor, com os métodos da ciência positiva: ele observa os fatos, "os compara, os analisa, e, partindo do efeito à causa, chega às leis que os regem; em seguida ele deduz as consequências e procura as explica-

10. Temos aqui um exemplo interessante onde a origem, daquilo que Peter Berger chama "sedimentação", não tem importância real, sem que o que foi objetivado (a religião umbandista) seja ameaçado. A ideologia da gênese preenche assim uma função mítica. Ver *A Construção Social da Realidade*.
11. Allan Kardec, *Caracteres de la Révélation Spirite*, Paris, Librarie Spirite, 1870, p. 6.

INTEGRAÇÃO E LEGITIMIZAÇÃO SOCIAL 169

ções úteis".[12] Entre ciência e religião existe portanto complementaridade, possibilitando o espiritismo a exploração e a explicação dos fenômenos para os quais as leis da matéria não se aplicam. A relação entre campo religioso e campo científico é dialética, e Kardec pensa que sem ciência o espiritismo não existiria, pois lhe faltaria apoio e controle. O método científico confere desta forma a cientificidade à religião, separando-a nitidamente da magia e feitiçaria, onde também se dá a invocação dos espíritos. Como afirma enfaticamente Kardec: "a distância que separa o espiritismo da magia e da feitiçaria é maior do que aquela que existe entre a astronomia e astrologia, a química e a alquimia".[13] Entre religião e superstição se insere, numa terminologia de Bachelard, um corte epistemológico.

Derivando em parte do kardecismo, a Umbanda vai conservar e modificar a relação ciência-religião. Mais modesta do que o espiritismo, que concebe a religião como possibilidade de realização da ciência, a Umbanda, ao contrário, utiliza a ciência como fundamento de seu mundo religioso. A ciência, tal qual é compreendida pelos umbandistas, transforma-se em argumento de legitimação do sagrado; o discurso religioso aparece desta forma sobrecarregado de uma vontade pseudocientífica procurando justificar de qualquer maneira os rituais mágico-religiosos. Por exemplo, a utilização da bebida pelos espíritos é explicada pelas leis de atração e repulsão de Newton. Os umbandistas dirão: "a bebida tem uma ação e vibração anestésica e fluídica porque evapora-se, desaparecendo no espaço, servindo assim para descargas e miasmas pesados, impregnados numa pessoa ou num objeto e facilitando o desprendimento e o levantamento da carga pelos protetores, porque todo elementar tem sua vibração muito inferior; para isto é preciso elementos com vibração de atração ou repulsão, conforme a necessidade."[14] No mesmo sentido a ciência serve de justificação para os defumadores, os charutos e cachimbos fumados pelos espíritos. Oliveira Magno, referindo-se a estas práticas, explica que o "fumo é um fluido, um gás; um fluido é destruído por outro fluido contrário; ora, se um ambiente

12. Allan Kardec, *ibid.*, p. 7.
13. Allan Kardec, *ibid.*, pp. 8-9.
14. Sílvio P. Maciel, *Alquimia de Umbanda*, p. 19.

170 RENATO ORTIZ

está carregado de fluidos maus ou gases deletérios, se nós queimarmos incenso, benjoim, destruiremos o fluido mau substituindo-o por outro fluido bom e favorável".[15] Uma vez que a prática religiosa é penetrada pela razão "científica", esta "teoria fluídica" pode ser aplicada aos mais diversos setores. Teixeira Neto, respondendo aos ataques kardecistas que vêem na Umbanda sinais de um "atraso espiritual", explica que o uso da pólvora nos rituais mágicos também se fundamenta em princípios científicos: "com a explosão, há uma brusca e violenta deslocação de ar, e assim é atingido o perispírito dos obsidiadores que, então, se afastam. Não usam os psiquiatras os violentos choques elétricos em determinados casos de loucura?"[16] A física parece ser uma ciência privilegiada pelos umbandistas. Referindo-se à utilização de espada, facas e ponteiros de aço pela religião, Oliveira Magno vai justificá-los através do princípio do poder das pontas:

"Todos os tratados de magia fazem referências às pontas de aço como um dos meios mais eficazes de se dissolver certas cargas ou aglomerações de larvas, maus fluidos e miasmas. Os antigos iniciados usavam nas suas operações mágicas a espada e as pontas de aço, assim como atualmente se usam ponteiros [punhal] nos trabalhos da Umbanda, pois a ação das pontas de aço, isto é, da espada e dos ponteiros em certos trabalhos de magia nada mais faz do que faz um pára-raios em dias de trovoada. A ação da espada e dos ponteiros é um caso de física, portanto é um caso científico".[17]

Explica-se ainda pela física por que certos indivíduos dançam nos terreiros com os pés descalços. Como o homem é fonte de "correntes elétricas" maléficas, se ele se descalça, a corrente pode escoar mais facilmente pelo solo. Com efeito, a física nos ensina que a terra funciona como potencial zero, isto é, o lugar para o qual se dirigem as correntes elétricas. A sola do sapato

15. Oliveira Magno, *Umbanda e Ocultismo,* p. 40.
16. Teixeira Neto, *Umbanda dos Pretos-Velhos,* p. 45.
17. Oliveira Magno, *ibid.,* p. 39.

INTEGRAÇÃO E LEGITIMIZAÇÃO SOCIAL 171

tende portanto a isolar o indivíduo do solo, impedindo desta forma que as correntes maléficas sejam expulsas de seu corpo.* A força da razão científica não conhece porém fronteiras; ela não se limita às práticas mágicas, mas penetra no seio do próprio cosmo religioso. Desta forma, a demonstração da sobrevivência do espírito após a morte do corpo é feita através da lei da conservação da energia de Lavoisier.[18] Não somos nós energia? — pergunta um umbandista. Ora, a energia não se perde, se transforma, e é claro que para o fiel esta transformação é de ordem espiritual. Até mesmo a concepção religiosa do homem se enquadra dentro das normas científicas. O homem se divide em dois, o ego superior e o ego inferior, sendo os sentimentos carnais e demoníacos relegados à segunda parte. Os umbandistas não chamam o ego inferior de inconsciente? E não é a psicanálise "uma das ciências mais modernas"[19] à qual se atribui o estudo dos sentimentos recalcados? Uma harmonia perfeita se inscreve portanto entre concepção religiosa e concepção psicanalítica do homem.

Entretanto a ciência não justifica somente os atos mágicoreligiosos, ela autoriza modificações nas próprias práticas afrobrasileiras. Um exemplo interessante é a combinação do jogo de búzios (opelê), trazido pelos daomeanos, e os elementos da astrologia e horóscopo, considerados pelos umbandistas como valores cientifizadores. Desta forma, alguns umbandistas pensam que certos erros são eliminados na arte de adivinhação do "santo da cabeça" de um fiel qualquer. Referindo-se às modificações feitas no jogo dos búzios alguns teóricos dirão:

> "Este método matemático vem suprir as falhas que se viam antigamente *no jogo dos búzios, pela dúvida na interpretação* ao cair os mesmos. A este respeito é muito comum trocarem o eledá da pessoa, dizendo os pais-de-santo pertencer a determinada criatura, a este ou àquele anjo-da-guarda, já outros declaram que o assentamento está errado, bo-

---

* Oliveira Magno, *ibid.,* e Teixeira Neto, *ibid.,* p. 46.
18. Maria Helena Farelli, *op. cit.,* p. 108.
19. Francisco Louza, *Umbanda e Psicanálise,* Rio de Janeiro, Espiritualista, 1971.

172   RENATO ORTIZ

tando a pessoa desarvorada... Os antigos sacerdotes dos cultos afro-brasileiros, pela falta de cultura didática, faziam o jogo dos búzios de acordo com sua cultura de origem, abalizados dentro do seu Alcorão do seu culto... Vendo-se que a nossa seita vem [dos cultos africanos, e que a religião] é muito desenvolvida hoje pelo progresso da civilização e pelo acurado desempenho da missão que nos foi determinada, com mais elevação cultural [certas modificações podem ser feitas] sem prejuízo da preservação da tradição da nossa contrita seita. Há ainda hoje umbandistas que, como conservadores dos conhecimentos atávicos, ignoram o poder da matemática, a rainha da ciência e controladora de todos os jogos da atividade humana".[20]

O discurso científico-religioso se articula portanto em dois níveis: por um lado o êxito das ciências, seus princípios e explicações são assimilados ao pensamento religioso, por outro, uma utilização exagerada do vocabulário científico. Estes dois momentos são complementares e inseparáveis; é impossível falar de ciência sem utilizar uma terminologia científica. São essas palavras-fetiches que desempenham o papel cientifizador do discurso umbandista. Basta estabelecer uma rápida lista de alguns termos encontrados ao acaso ao longo de nossas leituras: elétron, radiação, aparelhos, fluido, magnetismo, carga elétrica, vibração, cromossofia, inconsciente, para perceber que a palavra possui uma virtude mágica. Ela é a palavra-ciência, carregando em seu bojo a ciência com todos os seus atributos. Um discurso torna-se científico na medida em que ele se exprime através destas palavras-instrumentos portadoras da magia científica.

A ciência funciona portanto como fator de legitimação da religião; o resultado é que a Umbanda pode, desta forma, demarcar seu campo de atuação, distinguindo-se nitidamente das práticas afro-brasileiras. Na medida em que a religião umbandista integra a linguagem científica, ela se separa das superstições que constituem os cultos do candomblé. A relação Umbanda-ciência coloca um problema já bastante discutido na sociologia da religião, o da contradição entre crença e secularização. Durkheim

20. Tancredo S. Pinto, B. T. Freitas, *Camba de Umbanda*, pp. 153-154.

INTEGRAÇÃO E LEGITIMIZAÇÃO SOCIAL   173

tem razão quando insiste sobre o fato de que religião e ciência são antagônicas quando concorrem por um mesmo domínio do real. Entretanto, uma vez que a divisão do trabalho assegura ao campo religioso uma região que lhe é própria, a relação entre estas duas instâncias não será mais de causa e efeito, não implicando o desenvolvimento da ciência necessariamente no desaparecimento da religião.[21] A Umbanda fornece um exemplo interessante onde a crença, ao invés de desaparecer, ao contrário, é ironicamente reforçada, agindo o objeto legítimo (a ciência) como força legitimadora de uma nova religião.

O Discurso Cultivado

O mesmo movimento de legitimação que encontramos em relação ao campo da ciência é observado quanto ao saber cultivado. Entendemos por saber cultivado esta parte da cultura relativa ao conhecimento histórico, filosófico, filológico, enfim a erudição, assim como a forma pela qual esta erudição se manifesta. Num sentido bastante abrangente o discurso científico também deveria ser incluído dentro do discurso erudito, porém sua incidência é tal que, pensamos, seria melhor considerá-lo à parte.

Analisando a literatura religiosa, constata-se que a escrita, ou melhor, o discurso cultivado, desempenha uma importante função legitimadora da religião umbandista. Desta forma, repete-se o mesmo processo de justificação dos rituais mágico-religiosos que se desenvolve no discurso científico, só que as provas provêm agora do domínio do homem erudito. Assim, a utilização dos banhos de ervas, dos defumadores, reencontra sua origem legítima na História; por exemplo, junto aos hindus que se banham no Ganges, ou aos essênios na Síria.[22] A oferenda de bebidas aos espíritos redescobre sua dignidade nas ofertas que os

21. Sobre o processo da divisão de trabalho e a limitação do campo religioso ver Durkheim, *De la Division du Travail,* Paris, PUF, 1973. A respeito da relação religião-ciência ver a conclusão do livro *Les Formes Elémentaires de la Vie Religieuse.*
22. Matta e Silva, *op. cit.,* p. 165.

egípcios e hebreus faziam a seus deuses.[23] As provas filológicas, sinal da cultura erudita, são abundantes; elas demonstram de forma eloquente até onde alcança o vôo da imaginação religiosa. Por exemplo, Tancredo da Silva Pinto, estabelecendo um quadro dos sincretismos afro-brasileiros, justifica filologicamente a assimilação de Jesus a Oxalá. Uma das formas, sob a qual o orixá da criação é conhecido, é a de Oxa-Guian (Oxalá-jovem) que o autor decompõe em Oxalá-Guian, ou Oxa-Ala-Guian. Analisando o significado destes três elementos de um mesmo termo ele obtém: Oxa = manto, Ala = nas alturas (não esquecer que Ala é o Deus muçulmano!), Guian = guia. O que será interpretado na forma apologética: "com seu manto Oxalá nos guia nas alturas". Ora, a estrela que aparece no dia do nascimento de Jesus chama-se justamente Estrela-Guia, ou seja, uma ligeira corruptela da palavra *Guian*. A transposição de *Guian* para a África se efetua então por intermédio de Baltazar, o único negro entre os reis magos que prestam homenagem ao Cristo. Realiza-se assim o sincretismo Jesus-Oxalá, estabelecendo *Guian* a passagem histórica e filológica para a assimilação sincrética.[24]

A história é outro argumento fartamente empregado no discurso cultivado; existe uma série de livros que se dedicam a estabelecer os diferentes graus de desenvolvimento da religião umbandista no Brasil. Inicia-se a história religiosa pela escravatura, passa-se em seguida pelo candomblé, catimbó, pajelança, para terminar no desabrochar natural do espírito: a Umbanda. Alguns autores aprofundam este tipo de análise, descrevendo a história geral do homem, que, situando-se numa perspectiva evolucionista, começa com o *homo sapiens* para findar sob o sol dos trópicos brasileiros. Neste sentido o discurso erudito e as provas de antiguidade se entrelaçam numa rede de justificativas sem-fim. Citações se superpõem às citações; Edson Carneiro, Arthur Ramos, Roger Bastide, Pierre Verger, Herskovits, Ellis, Max Müller, algumas aparecem mesmo em inglês ou francês, contrastando vivamente com o nível do público ao qual elas se dirigem. O discurso se apropria ainda da magia das palavras eruditas que circunscre-

23. M. H. Farelli, *op. cit.,* pp. 83-84.
24. Tancredo S. Pinto, *Origem da Umbanda,* Rio de Janeiro, Espiritualista, 1970, p. 15.

INTEGRAÇÃO E LEGITIMIZAÇÃO SOCIAL 175

vem o campo do saber: "macro", "daimon" (que o autor sublinha a origem grega), são, juntamente com uma infinidade de outros termos sábios, corriqueiros na literatura religiosa. Tudo isto se combina com uma vontade de cultura e de estilo, que condena a menor referência à ignorância ou ao analfabetismo.[25] Para o umbandista, a educação não é somente um valor indispensável para sua integração no mundo urbano, ela é também sinal de evolução que tem certamente sua contrapartida na hierarquia espiritual. Como vimos, existe uma afinidade estreita entre a cultura do médium e o grau de espiritualidade da entidade que o possui. "Parece que há um laço invisível entre o espírito atrasado e o aparelho mediúnico que escolheu. Espíritos de luz *baixam* em mediuns serenos, ponderados, dotados de boa cultura. São bons cavalos para bons cavaleiros. Ora, em geral estes médiuns conhecem princípios doutrinários. Falando francamente, procuram aprimorar sua cultura. Mas, de que modo? Lendo, pois somente com a leitura e a observação é que se pode aprender alguma coisa. Até hoje não compreendemos a má vontade de certos chefes de terreiro contra livros em geral e, em particular, contra os livros de Umbanda. Por quê?"[26] Dentro desta perspectiva, o saber escrito é valorizado, e a preocupação que os dirigentes umbandistas têm com respeito à leitura reflete um imperativo categórico do universo sagrado. Por outro lado, o livro age como fator de padronização, ele difunde idéias e preceitos que, sem a linguagem escrita, se confinaria ao círculo estreito de certos intelectuais religiosos. Os dirigentes insistem portanto que os fiéis leiam, pois só desta forma o movimento de codificação poderá obter êxito. É claro que existe uma assimetria da leitura segundo as classes sociais, sendo a cultura livresca mais difundida nos terreiros mais ocidentalizados. Por outro lado, não é menos verdade que existe um problema de aceitação do livro umbandista pelas camadas mais pobres; isto se deve sobretudo a dois fatores: ao fato de que muitos adeptos são ainda semi-alfabetizados,

---

25. É sintomático observar que frequentemente os umbandistas encontram erros gramaticais nos livros ou jornais daqueles que os criticam. Ver, por exemplo, B. T. Freitas, *Os Orixás e a Lei da Umbanda,* e Teixeira Neto, *Umbanda dos Pretos-Velhos.*
26. Byron T. Freitas, *ibid.,* p. 39.

176 RENATO ORTIZ

e à existência de uma certa resistência ao saber livresco que se opõe ao saber ditado diretamente pela boca do espírito. Entretanto, na medida em que a teoria religiosa impõe uma relação sagrada entre saber e evolução espiritual, os núcleos de resistência tendem a diminuir. Infelizmente não existem pesquisas que possam medir com precisão a penetração do livro umbandista junto aos fiéis. Entretanto alguns dados permitem supor que esta penetração não deve ser negligenciada. Uma pesquisa realizada em São Paulo revelou que 47% dos interrogados responderam que liam escritos religiosos umbandistas.[27] Apesar das restrições que se possam fazer ao universo pesquisado, o resultado é ainda significativo. Por outro lado, a diversidade das publicações literárias fornece um dado insofismável sobre a tendência à aceitação deste tipo de publicação.

Existe portanto uma convergência entre a aspiração dos umbandistas à educação e o desenvolvimento social da educação, pois trata-se de um elemento fundamental para o funcionamento da ordem urbano-industrial. Com efeito, a educação, que no início do século se restringia a uma parcela ínfima da população, recebe, com o desenvolvimento económico e social, um impulso importante.[28] Entretanto ela vai se concentrar nas zonas urbanas, sendo que de 1960 a 1970 o número de matrículas na escola primária na zona rural cai em 3%.[29] Seguindo a distribuição desigual da renda segundo as regiões, a educação, como produto simbólico oferecido à população, vai se concentrar na região Sul e Sudeste.[30] Ora, é justamente nos grandes centros industrializados que a Umbanda tende a se desenvolver; a aspiração dos umbandistas corresponde assim ao desenvolvimento de um valor educacional proposto pela sociedade brasileira.

Porém o problema da educação, do saber escrito, não se coloca unicamente dentro de uma perspectiva quantitativa; ele é também um problema qualitativo, e corresponde, nas religiões afro-brasileiras, à passagem de uma cultura oral a uma cultura escrita. Comparando-se Umbanda e cultos afro-brasileiros, no-

27. Renato Ortiz e Paula Montero, *op. cit.*
28. Ver Florestan Fernandes, *Educação e Sociedade no Brasil,* São Paulo, EDUSP, 1966, p. 125.
29. Estatísticas da Educação Nacional, 1960-1971, MEC.
30. *Ibid.*

INTEGRAÇÃO E LEGITIMIZAÇÃO SOCIAL 177

vas oposição podem ser apreendidas. O mundo dos candomblés é um universo de mitos, gestos e ritos que se transmitem através da vivência, de geração em geração. A introdução da linguagem escrita torna-se assim incompatível com seus princípios religiosos, pois o universo afro-brasileiro se fundamenta sobre o reforço e a transmissão do *axé*.

"O axé é uma força, um poder transmitido. Ele é veiculado ritualmente por meios simbólicos e espirituais. Como qualquer força, ele pode ser transmitido a objetos ou a seres humanos, O axé recebido dos antepassados, trazido pelos Africanos ao Brasil, foi, no início, colocado nos lugares de adoração, consagrando-os e lhes transferindo o poder da hereditariedade; ele foi assim transmitido iniciaticamente aos sacerdotes e sacerdotisas, de geração em geração. Como poder transmitido, sua força pode ser, seja aumentada, seja diminuída. Quanto mais uma casa de culto é antiga, tanto mais elevado o grau de iniciação da sacerdotisa encarregada das obrigações rituais, mais potente é o axé. O axé não se aprende, se recebe, se enriquece através da prática ritual e da experiência mútua; ele se divide, se distribui."[31]

As idéias expressas nesta passagem se assemelham bastante à concepção de ser-força que foi desenvolvida pelo Père Tempels a respeito da filosofia banto.[32] Toda força pode reforçar-se ou exaurir-se, e é esta força (o *muntu* dos bantos, o axé dos sudaneses) que transmite o poder sagrado da experiência mística. A transmissão oral do saber aparece desta forma como princípio de base do sistema afro-brasileiro, o qual se enraíza nas fontes africanas. Neste sentido existe uma contradição entre cultura oral e escrita:

"A transmissão oral tem uma significação iniciática do ponto de vista prático e místico, porque ela carrega consigo

---

31. Deoscoredes e Juana dos Santos, "La religion nago génératrice et reserve de valeurs culturelles au Brésil", in *Colloque de Cotonou,* Paris, Présence Africaine, 1970, p. 163.
32. R. P. Placide Tempels, *La Philosophie Bantou,* Paris, Présence Africaine, 1948.

178 RENATO ORTIZ

axé e implica a incorporação de um conhecimento pela relação dinâmica entre a pessoa que recebe este conhecimento e a outra que é iniciada. Duas pessoas ao menos são necessárias para a transmissão oral. O conhecimento se transmite diretamente de boca a ouvido, não pelo raciocínio lógico escrito, o qual se colocaria no nível da consciência e da inteligência; a palavra proferida carrega certas modulações e uma carga emotiva; a palavra é aspirada e respirada com o hálito que dá a vida à matéria inerte e que atinge as profundezas do inconsciente. Às palavras acompanham os gestos, os ritmos, os movimentos corporais. Os cânticos e os textos orais atingem um valor existencial tal que não se pode exprimi-los por escrito. O estudo e os textos escritos podem ajudar a classificar, a memorizar ou tecer explicações mais ou menos racionais, mas somente a prática litúrgica permitirá ultrapassar o nível racional das explicações para que o conhecimento seja verdadeiramente atingido. A introdução de uma comunicação por escrito cria problemas que chocam e enfraquecem os fundamentos do sistema de relações dinâmicas. A doutrina só é compreendida na medida em que ela é vivida e dramatizada".[33]

A Umbanda rompe com este modo de conceber o mundo, transformando-se a participação religiosa em aquisição de saber. Se o candomblé se caracteriza pela ausência de escritos teológicos, forma de conhecimento que se opõe à transmissão da força mística, na Umbanda este tipo de literatura passa a ocupar um lugar de destaque. É claro que o médium possui um saber prático que lhe advém diretamente da experiência mística do dia-a-dia do terreiro, mas a força do axé desaparece. A falta de um verdadeiro ritual de iniciação não permite mais sua transmissão. Paralelamente ao saber cotidiano do médium, um novo tipo de saber, que se fundamenta na palavra escrita, se instaura. A "palavra aspirada", "o hálito que dá vida à matéria inerte", a força sagrada que se transmite aos objetos pela realização do ato mágico, são aprisionados *na* e pela escrita. A simples leitura de um livro pode muitas vezes levar à resolução dos problemas de doença, de desempre-

---

33. Deoscoredes e Juana dos Santos, *op. cit.*, pp. 166-167.

INTEGRAÇÃO E LEGITIMIZAÇÃO SOCIAL   179

go, de infelicidade; basta seguir corretamente as receitas mágicas fornecidas.[34] Em caso de dúvida, escreve-se ao pai-de-santo
que responderá por escrito à demanda efetuada. Esta nova forma
de concepção das relações humanas tem consequências de grande importância; enquanto a Umbanda tende à universalização, o
candomblé se conforma com a sua posição de culto sectário. A
possessão umbandista deixa de ser a condição necessária para o
recrutamento de novos adeptos, acentuando-se agora a conversão aos dogmas religiosos. A possessão não é porém renegada,
ela continua um dos pilares do culto; simplesmente passa a ser
concebida dentro de uma nova perspectiva; é por isso que os
umbandistas insistem na educação moral e intelectual dos fiéis.
     Entretanto seria um erro considerar o livro exclusivamente
como forma de comunicação do saber, ele traz consigo a marca
do homem cultivado, da intelectualidade; ele é o centro nodal do
discurso erudito. Os significados culturais que não existiam na
tradição oral são agora veiculados *pelo* e no livro; o pai-de-santo
não é um simples sacerdote, ele se transforma em escritor. O
livro implanta assim uma nova forma de dominação: a racional; o
saber africano é desta forma assimilado ao não-saber, e se presta
à interpretação pelo conhecimento erudito que se exprime através da escrita.

34. Antonio da Alva, *Como Desmanchar Trabalhos de Quimbanda,* Rio de
Janeiro, Eco, 1970, 2 vols. Outra forma moderna de ritual mágico são os
programas radiofónicos umbandistas.

Sistematização e Institucionalização da Religião

Em seu estudo sobre a sociologia da religião, Max Weber relaciona a noção de racionalidade religiosa a duas condições precisas: ao surgimento das cidades e à existência de uma camada de intelectuais sacerdotes ou leigos.[1] À racionalidade citadina se opõem desta forma as práticas mágico-religiosas que predominam sobretudo na zona rural. Entretanto, o processo de racionalização depende em grande parte do tipo de classe social de onde tem origem a *intelligentzia* religiosa; ele será tanto maior, isto é, desprendido de elementos mágicos e orientado na busca do "sentido do mundo", quando se tratar de camadas sociais privilegiadas; ele será menos desenvolvido no caso das "*intelligentzias* proletaróides", isto é, de uma camada que se situa entre as classes privilegiadas e as classes "negativamente privilegiadas". Para que um tipo de religião étnica racional se instaure, é necessário porém que existam não somente os protagonistas religiosos, mas também condições sócio-econômicas favoráveis, que permitam a atuação daqueles na sociedade. O fenômeno da racionalização é portanto dialético, ele depende de duas forças distintas que atuam num mesmo processo: a *intelligentzia* religiosa e as transformações económicas e sociais.[2]

1. Max Weber, "Odres, Classes et Religion", in *Economie et Société,* pp. 491-534.
2. A respeito da relação dialética entre *intelligentzia* religiosa e infra-estrutura económica, ver Pierre Bourdieu, "Une interpretation de la théorie de la religion selon Weber", *Archives Européennes de Sociologie,* Paris. XII, 1971, pp. 3-21.

182 RENATO ORTIZ

O esquema teórico desenvolvido por Weber se aplica bastante bem ao caso da religião umbandista; uma ressalva deve ser feita porém. A magia integrada na Umbanda não é de origem rural, mas provém da herança afro-brasileira; por outro lado, o processo de racionalização se desenvolve numa direção que inexiste para o pensamento weberiano, o da reinterpretação das práticas mágico-religiosas. Em linhas gerais, o processo de racionalização da religião umbandista segue o modelo delineado por Weber: ele se vincula a uma *intelligenízia* de origem especificamente urbana. A cidade funciona desta forma como um centro onde se desenvolve um estilo de vida, no qual a racionalidade desempenha um papel preponderante.[3] Esta racionalidade é por sua vez inerente a uma camada de intelectuais kardecistas que pela primeira vez se colocam o problema da sistematização do cosmo religioso. A racionalização se estende então à vida religiosa; a teoria das linhas assim como o discurso umbandista são exemplos significativos deste processo. O livro, fulcro da racionalização, transforma-se num argumento que responde e difunde as questões religiosas. Entretanto, o trabalho de sistematização se prolonga além da esfera discursiva; preocupados em constituir uma religião nacional, os umbandistas iniciam um movimento de unificação que leva em parte à burocratização e à institucionalização do culto.

Vimos, no capítulo referente às origens da Umbanda, que a história desta religião podia ser descrita em duas etapas fundamentais. Primeiro, o desenvolvimento larvar das casas de culto, as quais não têm entre elas nenhum laço de organização; segundo, o momento da "tomada de consciência" de uma camada de intelectuais, da emergência de uma nova prática religiosa que se orientava no sentido de integração na sociedade brasileira. A religião até então florescente sob forma espontânea será canalizada, dirigida; após o encontro de 1941, assiste-se a um crescimento cada vez maior desta direção intelectual que se organiza sob a forma de federações ou congregações regionais. O tema da campanha umbandista, qualquer que seja a tendência religiosa, será

---

3. Louis Wirth, *O Urbanismo como modo de vida;* Georg Simmel, "A Metrópole e a vida mental", in *O Fenômeno Urbano,* Gilberto Velho (org.), Rio de Janeiro, Zahar, 1973.

INTEGRAÇÃO E LEGITIMIZAÇÃO SOCIAL 183

portanto o da unificação. Diante da pulverização de seitas, os intelecutais antevêem, para a edificação de uma religião universalizante, um único caminho: o da organização da religião em escala regional, estadual e nacional. Frente à multiplicidade de pequenas empresas do sagrado, a solução à concorrência religiosa se encontra na centralização da orientação clerical. Centralizando-se os grupos decisórios, administra-se o sagrado de forma mais eficaz no mercado concorrencial. Como insiste justamente Peter Berger, numa situação pluralista a religião é "lançada no mercado": "é necessário *vender* a uma clientela que não tem mais a obrigação de *comprar.* As instituições religiosas tomam-se assim agências de organização do mercado e as tradições religiosas transformam-se em bens de consumo".[4] Berger desenvolve desta forma a idéia marxista na qual a liberdade religiosa traduz no domínio da consciência o modelo da livre empresa.[5] Este modelo, aplicável a uma economia religiosa pluralista, será utilizado mais adiante para mostrar como se estabelecem as relações concorrenciais entre as religiões que disputam o mercado brasileiro; podemos porém distinguir neste capítulo um primeiro traço que nos interessa. Aliando-se a idéia weberiana de racionalização à noção de mercado, o processo de sistematização e institucionalização da Umbanda torna-se mais compreensível. Na realidade, para que os umbandistas possam conquistar uma parte do mercado é necessário que eles homogeneizem seu produto religioso, para que se possa referir sem ambigüidades a uma marca umbandista. A padronização e codificação das normas que regem a fabricação do produto tomam-se então imprescindíveis para unificar o culto, a gerência do sagrado. Com efeito, esta necessidade interna de codificação aparece desde as origens da Umbanda; ela domina as preocupações dos participantes do congresso de 1941, permanecendo ainda hoje um ideal a ser atingido. A realidade é porém bem mais complexa, e o processo de racionalização se desenvolve num ritmo desigual segundo as diferenças de clas-

4. Peter Berger, *La Religion dans la Conscience Moderne,* Centurion, 1971, p.
5. Ver "Le Manifeste Communiste", in Marx et Engels, *Sur la Religion,* Paris, Ed. Sociales, 1972. Sobre a noção de mercado religioso, ver também P. Bourdieu, "Génese e Estrutura do Campo Religioso", in *Economia das Trocas Simbólicas,* São Paulo, Perspectiva, 1975, pp. 27-28.

184 RENATO ORTIZ

se. Por isso, não se deve perder de vista que estamos em presença de uma modalidade religiosa que não se encontra ainda cristalizada; na dinâmica social é, portanto, a análise das tendências que nos parece importante. Se não existe até o momento um código definitivo, aceito unanimemente pelos umbandistas, não é menos verdade que a codificação e unificação religiosa permanece um ideal constante para as diferentes tendências. A padronização do culto é desta forma exigida nos diversos setores da religião, abrangendo desde as imagens utilizadas até os ritos e comportamentos que convêm a um verdadeiro afiliado. Por exemplo, alguns intelectuais insistem na homogeneização das imagens empregadas nos rituais e indicam os santuários católicos como um modelo a ser seguido: nestes, "Santo Antônio, S. Jorge, S. José, S. Sebastião, são sempre representados pela mesma imagem que o crente pode facilmente identificar". [6] Diante da diversidade das inspirações dos fabricantes de imagens, preconiza-se a padronização do produto; desta maneira eliminam-se as influências nefastas (de ordem moral) qual aquela estátua que representava Pomba-Gira como uma prostituta de seios desnudos. A uniformização da vestimenta é outro problema que preocupa bastante os dirigentes umbandistas. Bandeira aborda este aspecto da questão quando esboça seu projeto de um código urnbandista:

> "Todos os membros da corrente deverão apresentar-se com uniforme branco. Os homens de calça e camisa, ou de calça e dólmã fechado no ombro; as senhoras com vestidos de saia godê, saia rodada ou avental fechado com calça comprida. É preciso notar que essas variações acabadas de ser indicadas não são para que numa tenda cada um use o seu uniforme dentre os apontados, mas, pelo contrário, deve haver em casa uniformidade absoluta de modelo de uniforme". [7]

Os esforços de codificação se concentram sobretudo nas sessões de caridade abertas ao público. São inúmeras as classifi-

---

6. Tancredo S. Pinto, *Camba de Umbanda*, pp. 36-37.
7. Bandeira, *op. cit.*, p. 174.

INTEGRAÇÃO E LEGITIMIZAÇÃO SOCIAL   185

cações existentes que pretendem disciplinar a organização do culto.[8] Esta ênfase normalizadora, característica das federações, corresponde às aspirações daqueles que frequentam sobretudo as casas mais ocidentalizadas. Como sublinha Max Weber, a racionalidade se relaciona estreitamente às classes mais privilegiadas; desta forma, nas tendas de classe média o processo de racionalização torna-se mais desenvolvido. Nesses terreiros até mesmo a hierarquia e as relações entre os participantes podem ser codificadas ao extremo. Um exemplo disso são as apostilas da Tenda Mirim; analisando-se este folheto religioso, observa-se que existem duas hierarquias dentro da casa de culto — a relativa aos cavalos e a relativa aos ogãs:

Cavalos (Transe)	Ogãs (Não-Transe)
7.°) comandante chefe de terreiro	7.°) ogã
6.°) subcomandante chefe de terreiro	6.°) escola de ogã
5.°) chefe de terreiro	5.°) curimbeiros auxiliares
4.°) subchefe de terreiro	4.°) curimbeiros
3.°) terreiro	3.°) assistente
2.°) banco	2.°) serviço de terreiro
1.°) iaôs	1.°) iaôs

A relação entre os quadros hierárquicos é feita de duas maneiras: primeiro a sujeição da categoria não-transe à categoria transe, segundo a correspondência entre as filas das duas classificações. Assim, as relações de saudação se passam da seguinte forma:

Os ogãs (cambonos) em geral:
a) devem "bater cabeça" para o subcomandante e para o comandante chefe de terreiro,
b) saúdam o quadro dos cavalos de terreiro, de joelhos,
c) saúdam com os ombros as entidades que trabalham com 03 cavalos dos bancos.[9]

8. Ver Bandeira, *ibid.,* pp. 176-177.
9. Apostila dos médiuns: *A Tenda Mirim e a sua Escola,* escrita por Benjamim Figueiredo, mas ditado "pelo grande orixá da Umbanda, Caboclo Mirim".

186 RENATO ORTIZ

O que é surpreendente nestas classificações é o caráter racional de que elas estão impregnadas. Na Tenda Mirim a burocratização das relações atinge um ponto tal que as referências hierárquicas passam a ser catalogadas segundo o código elaborado pelo chefe do terreiro. Opondo-se este tipo de organização ao candomblé (e em certa medida aos cultos menos ocidentalizados), constata-se que a noção de ordem umbandista é fundamentalmente diferente da ordem dos cultos afrobrasileiros. Não queremos com isto dizer que no candomblé não exista uma hierarquia sacerdotal, pelo contrário, as relações entre os membros da confraria são rigidamente codificadas; trata-se entretanto de um código de natureza distinta. Enquanto nos cultos afrobrasileiros a hierarquia religiosa e as relações entre os homens reproduzem a tradição do mundo mítico, na Umbanda vemos aparecer uma nova ordem: a da dominação racional. Paralelamente a um "código do santo", surge um "código burocrático" que tende cada vez mais a impor sua presença dominadora.[10] Desta forma a legitimidade das ações e do comportamento dos médiuns decorre diretamente de um código racionalmente estabelecido A legitimidade adquire então um novo sentido, ela não será mais a simples justificativa de um mundo, mas o exercício de uma dominação, no caso racional, que tende a perpetuar as práticas religiosas.[11]

Neste processo de sistematização do produto umbandista, uma centralização de poderes decisórios torna-se indispensável; é aqui que as federações vão se manifestar com toda força. A finalidade desses órgãos é centralizar e monopolizar o poder, transformando-se ao mesmo tempo nos únicos representantes legítimos, e até mesmo legais, da religião. O quadro geral das federações umbandistas é heterogêneo, por outro lado faltam informações para que se possa estudar em detalhe esse aspecto da questão; podemos, entretanto, situar o problema. Nos estados como Rio Grande do Norte e Paraíba existe uma única federação, que congrega oficialmente os cultos umbandistas. Já no Centro-Sul as federações são inúmeras, podendo ter um caráter

---

10. Ver Yvonne Velho, *Guerra de Orixá,* Rio de Janeiro, Zahar, 1975.
11. Sobre a legitimidade como fator de dominação, ver Max Weber, *Economie et Société.*

INTEGRAÇÃO E LEGITIMIZAÇÃO SOCIAL 187

regional, estadual, local, e até mesmo nacional. As lutas intestinas, que jogam uma federação contra a outra, mascaram muitas vezes o fato de que elas compartilham uma mesma ideologia religiosa. Muito embora as federações manifestem divergências entre si, não se pode negar que um novo tipo de legitimação se instaura. Por outro lado, apesar da multiplicidade das agências religiosas, a tendência à centralização persiste. Em São Paulo, estado onde o "estilo de vida racional" é mais desenvolvido, a centralização do poder já encontra soluções originais no seio do movimento umbandista. Seguindo as orientações do Segundo Congresso, realizado em 1961, os paulistas criaram o Supremo Órgão da Umbanda, que congrega em princípio (pois existem dissidentes) todas as tendas e federações do interior do Estado. Este organismo, cuja ação foi negligenciável durante os anos 60, aparece hoje como uma força religiosa importante, e recentemente conseguiu reunir, no Vale do Paraíba, 800 chefes de terreiro, com a finalidade de moralizar a Umbanda,[12] Os objetivos deste organismo estão bem detalhados na filosofia de seu regulamento; ele pretende:

a) organizar, disciplinar e desenvolver estudos e pesquisas religiosas a fim de disseminar este tipo de conhecimento no seio dos adeptos;
b) desenvolver atividades que aproximem os afiliados o mais possível, organizando conferências, congressos, atividades culturais e lúdicas;
c) coordenar a religião umbandista, fornecendo-lhe um ritual comum a todos, muito embora respeitando as particularidades de cada entidade espiritual;
d) ocupar-se da construção de escolas, abrigos e hospitais, assim como de outras atividades que favoreçam a prática umbandista;
e) trazer a assistência social, moral e financeira a todas as federações que dela necessitarem.[13]

12. *Notícias Populares,* 29/11/73.
13. "Superior Órgão da Umbanda", in *O Mundo da Umbanda,* São Paulo, 1973, ano I, n. 2, p. 17.

188 RENATO ORTIZ

O programa elaborado demonstra claramente a intenção dos umbandistas em centralizar o poder de decisão para melhor difundir a fé religiosa. Organizando-se no nível de uma federação racionalmente dirigida, o movimento de proselitismo atinge um grau que seria impensável caso as agências do sagrado se confinassem exclusivamente ao domínio da seita. Qual seria entretanto a relação entre a cúpula, composta geralmente por elementos oriundos das classes médias, e a grande massa umbandista? Como se efetua a transferência de poder da seita à federação? Para responder a estas questões, devemos analisar como as relações de poder se manifestam no seio dos cultos abro-brasileiros.

A Atomização da Comunidade Religiosa

O que caracteriza o candomblé, em oposição à Umbanda, é sua organização comunitária; cada terreiro é independente dos outros, e traduz, à sua maneira, a peça teatral da memória coletiva negra. O pai e a mãe-de-santo são fontes exclusivas de legitimidade; acima deles não existe nenhuma outra autoridade (exceto os orixás que falam através do chefe do terreiro). As relações de poder que unem esses sacerdotes e sacerdotisas a seus fiéis correspondem às que se estabelecem na grande família rural: o pai-patriarca e seus filhos-súditos. Estas relações de dominação podem ser entretanto modificadas, principalmente no que diz respeito à mulher, pois esta detém um poder de destaque no mundo afro-brasileiro. Trata-se do mesmo quadro familiar de poder, no caso, ou de uma família matrifocal.[14] Pelo ritual de iniciação, a filha, futura iaô, contrai laços de parentesco com sua mãe ou pai-de-santo, ao mesmo tempo em que se torna irmã dos outros membros da comunidade. A "feitura da

---

14. Sobre o papel da mulher no candomblé, ver Binon Cossard, "Le rôle de la femme dans les religions afro-brésiliennes", in *La Femme de Couleur en Amérique Latine,* Roger Bastide (org.), Paris, Anthropos, 1974. Ver Renato Ortiz, "A Matrifocalidade Religiosa" (mimeo.), comunicação apresentada no Centro de Estudos Rurais e Urbanos, USP, set. 1976.

INTEGRAÇÃO E LEGITIMIZAÇÃO SOCIAL 189

cabeça" significa portanto um nexo espiritual e material que se estabelece entre o pai e a filha; ele é indissolúvel, durando até a morte. A filha só pode então pertencer a um único candomblé, devendo obediência e fidelidade àquele que lhe "preparou a cabeça".[15] Caso, durante sua vida religiosa, a filha se transforme em mãe-de-santo, isto não implica a ruptura dos laços familiares; a nova família prolongará a tradição transmitida pela avó-de-santo.

Dentro desta estrutura, as relações de dominação se inscrevem em duas formas: a tradicional e a carismática. O pai-de-santo é o senhor exclusivo da comunidade, e a sua autoridade decorre em parte de seu carisma pessoal, mas sobretudo da tradição que legitima o poder. Como sublinha Binon Cossard, "somente ele (pai-de-santo) dá as ordens, e cada um as executa sem discussão ou comentário. Pelo contrário, toda pessoa que ele encarregue de um trabalho se orgulha de lhe ser confiada uma tarefa, por mais modesta que ela seja",[16] Da mesma forma que o chefe do terreiro distribui a tarefa, ele pode também punir ou gratificar os membros da seita. Um incidente narrado por Binon Cossard ilustra o quanto a autoridade de um pai-de-santo é inabalável. "Um dia, tudo estava pronto para o sacrifício a Exu, e a iamorô percebeu que a farofa do padê não tinha sido preparada. Ela nos chamou a atenção em voz baixa, mas calou-se em seguida. Joãozinho da Goméia iniciou a cerimônia, e no momento de fazer a oferenda aos exus da rua, descobriu que faltava o prato com farofa. Ele se enraiveceu, xingou, deu um grande sermão naqueles que já tinham idade de saber essas coisas, que não prestavam atenção em nada, que não viam o que podia faltar etc. Cada um baixou a cabeça, e foi o maior silêncio. A mãe pequena e a iamorô nada disseram. Depois do sacrifício, na cozinha dos fundos, perguntamos à iamorô por que ela não tinha dito ou feito nada. — Que podia eu fazer? — respondeu ela. — Nosso pai não tinha dado ordem... Perguntar-lhe se eu deveria preparar a farofa? Deus me livre! Eu teria o ar de saber

---

15. Raríssimas vezes um membro de um candomblé pode mudar de pai-de-santo; quando isto acontece, é necessário um ritual especial que tem por finalidade "tirar a mão" do antigo pai-de-santo da cabeça do neófito.
16. Binon Cossard, *Le Candomblé Angola*, p. 46.

mais que ele e de querer lhe dar uma lição. Nós somos todas pequenas, não sabemos nada, não somos nada. É ele quem dá as ordens. Mesmo que ele esqueça de algo, nós não temos nada a dizer..."[17] Observa-se que nesta estrutura familiar o pai ou a mãe detém todos os direitos sobre os filhos, podendo admoestá-los ou mesmo castigá-los corporalmente em função da gravidade da falta cometida. Em sua última viagem ao Brasil, acompanhamos Roger Bastide numa visita a um candomblé em Santos; durante a conversa, o pai-de-santo exprimiu sua surpresa diante do fato, para ele incompreensível, de que suas filhas reclamavam quando ele lhes castigava de uma forma mais rígida. E acrescentou: "mas elas sabem que tem chicote no axé!". O que este babalorixá não compreendia era que as práticas punitivas eram completamente incongruentes com o quadro atual da sociedade brasileira, e que a revolta das filhas vinha justamente deste fato. O castigo encontra sua justificativa no modo de dominação que repousa sobre a autoridade tradicional do chefe religioso; na medida em que a tradição se enfraquece, a autoridade tende a ser questionada.

Passando-se do candomblé para a Umbanda, observa-se que as práticas e comportamentos propostos pela modalidade religiosa umbandista se mostram bem mais adequados à atual sociedade brasileira. A Umbanda rompe com as relações comunitárias da vida, eliminando os laços de parentesco calçados sobre o modelo da grande família. A ausência de um verdadeiro ritual de iniciação coloca o fiel num outro nível de relacionamento com a autoridade do terreiro. Se as denominações correntes — pai-de-santo, mãe-de-santo — são conservadas, não se deve esquecer que elas se impregnam de novas significações. O neófito não tem mais um pai espiritual unívoco, pois as relações de parentesco se transformam; a família umbandista é de natureza diversa da grande família comunitária. Na medida em que a religião tende a se universalizar, podemos dizer que os umbandistas são irmãos entre si, da mesma maneira que os católicos afirmam ser irmãos no seio da Igreja. Assim, o filho não deve mais uma obediência cega a seu pai, e uma vez libertado deste laço coercitivo de parentesco, ele pode se deslocar ao longo do *continuum* religioso;

17. Binon Cossard, *ibid.*, p. 225.

INTEGRAÇÃO E LEGITIMIZAÇÃO SOCIAL   191

escolher (no sentido de Parsons) uma casa que esteja em harmonia com seus desejos e aspirações. O adepto tem portanto a liberdade de experimentar; no caso de uma insatisfação qualquer ele pode mudar-se para outro terreiro. A história de vida de um fiel mostra como se efetua esta mobilidade horizontal ao longo do *continuum*. Vendedor, antigo proprietário de uma pequena empresa, ele começa a frequentar um terreiro do tipo menos ocidentalizado para terminar numa tenda onde imperam os valores das classes médias. Vejamos como ele justifica esta mudança de um terreiro para outro:

"Interessante, até hoje eu não sei explicar pra mim o porquê disso. Eu não assimilo (os ritos afro-brasileiros), assim pessoalmente eu não me sinto satisfeito dentro de um terreiro nessas condições. Não sei, me conturba, me deixa perturbado. Aquele barulho, aquela... pra mim dá impressão que é uma confusão. Não dá pra assimilar, sabe?"

A razão da mudança é puramente ideológica; o adepto se sente deslocado com uma prática umbandista que não leva em consideração seus valores de classe; ele se encontra perturbado e vê-se na obrigação de procurar um terreiro que lhe seja mais conveniente; isto é, uma casa mais ocidentalizada. À rigidez do candomblé substitui-se assim a plasticidade da Umbanda. Cabe aqui uma analogia que seria esclarecedora: operando como uma multinacional fazendo concorrência a si mesma, apresentando aos clientes um *continuum* de oferta, a religião umbandista encontra talvez uma maneira mais eficaz de dominar o mercado religioso.

Na medida em que os laços da comunidade afro-brasileira se atomizam, o tipo de dominação tradicional (herança africana) se enfraquece; resta somente uma legitimidade carismática que o dirigente confirma nas sucessivas comunicações que ele estabelece entre sua pessoa e o sagrado. Vimos, entretanto, que um novo tipo de dominação se desenvolve com a religião umbandista; a dominação racional, que encontra sua forma mais elaborada nas federações. Ao poder do chefe de terreiro se superpõe, de forma arbitrária, um poder que pretende ser mais elevado: o das federações religiosas. Como a estrutura de poder dos terreiros

192 RENATO ORTIZ

obedece ainda (embora transformada) ao modelo afro-brasileiro (pai-de-santo — filhas-de-santo), um conflito entre poderes se instaura. Este conflito torna-se mais agudo, na medida em que os representantes das classes médias se apoderam do aparelho organizacional e doutrinário das federações. Os dirigentes das casas de culto tenderão a se opor à dominação racional que lhes é imposta de cima; para isto, sua única fonte de legitimação é a comunhão com o sagrado (transe), que lhes confere um poder carismático. Assiste-se assim a uma luta entre o sagrado e o profano sacralizado pela doutrina umbandista racionalmente estabelecida e instituída. Respondendo a uma questão sobre a aceitação ou não da política federativa, pelos pais-de-santo, um eminente líder umbandista exprime claramente seu pensamento ideológico a respeito deste conflito de poderes:

"Está se passando no Brasil um fenômeno revolucionário dentro da Umbanda, e eles (os pais-de-santo) não estão compreendendo isso. A Umbanda despolarizou-se da área mais humilde, do homem de cor, para a elite. 70 a 80% dos homens são brancos ou claros, e estão no nível de instrução média para superior. Então alguns (chefes de terreiro) se sentem feridos, não o umbandista humilde; *alguns* que não estão numa condição intelectual para dialogar estão *confundindo a posição deles de chefe de clã, de chefe de terreiro,* com uma *posição administrativa.* Nós não queremos interferir na vida do terreiro, no ritual, nós não queremos desprestigiar. Mas eles estão sentindo que está *fugindo-lhes da mão* aquilo que eles mantinham na base do segredo e do misticismo. Porque a Umbanda está se despolarizando a um nível mais elevado de grau de cultura, está se despopularizando nas suas apresentações. Então se a pessoa tem um horizonte limitado, sente que para além daquele horizonte ela não pode mais atingir. Então é natural — ele que levou 30, 40 anos daquela forma, com aquele prestígio — que tenha de sentir-se um pouco abalado, como se perdesse um pouco de prestígio. Eu compreendo isto, e não sou contra isso. Mas é preciso que *eles* compreendam que hoje os *tempos mudaram,* e que o sentido da Umbanda é revolucionário, em função dos meios de comunicação. Porque

INTEGRAÇÃO E LEGITIMIZAÇÃO SOCIAL 193

um congresso como esse (referência ao 3.° Congresso, 1973), que não teve a amplitude que nós queríamos, foi propagado pelo Brasil inteiro através da televisão, saiu nos jornais, e nós vamos lançar um jornal comemorativo do congresso. O assunto foi filmado pela televisão americana, para fazer a distribuição no mundo todo. Então *eles* têm que compreender que nós estamos na *idade da comunicação,* e que a pessoa, ou acompanha este ritmo cibernético da vida, ou então fica para trás".

Pouco se pode acrescentar a este discurso tão esclarecedor; ele indica por um lado a existência do conflito entre poderes, por outro, exorta os umbandistas a ultrapassarem o problema no nível da seita para se reencontrarem numa esfera mais elevada e universal. A ausência de conflitos vai portanto situar-se na interiorização da ideologia religiosa e organizacional, veiculada pelas federações; o poder carismático deve se submeter ao poder racional. Em nome da idade da comunicação, da cibernética (valores modernos), exige-se a integração do poder sectário na esfera universalizante das federações. Isto não ocorre, porém, sem que certas preocupações de classe se manifestem; é necessário que os chefes de culto, sobretudo aqueles que pertencem às camadas populares, assimilem os novos valores sociais e se transformem, ao menos ideologicamente, em pequenos burgueses.

A dominação racionai que vai permitir a criação das federações umbandistas tem uma consequência importante que ultrapassa os limites da religiosidade. Na medida em que as federações se consolidam como "igrejas" (no sentido de Troeltch), elas se transformam em forças políticas. O clientelismo tende desta forma a desaparecer, e a própria religião vai proporcionar a eleição de seus líderes políticos. Os adeptos têm doravante a possibilidade de contar, junto aos órgãos governamentais, como um representante de sua própria fé religiosa. Este movimento de extravasamento religioso dentro do terreno político é um fenômeno bastante recente na sociedade brasileira; ele é o sinal de que a Umbanda passa a ser considerada nos dias de hoje como uma religião legítima. Esta mesma religião, que no passado foi perseguida pelas forças policiais, escarnecida pela sociedade, se transforma numa instância legítima podendo desfrutar de uma posição equitativa junto às outras religiões dentro do mercado religioso. Entretanto, este resultado só é possível porque a Umbanda integra os valores dominantes da sociedade global; o caminho da integração redunda assim em sua legitimação social.

Da Inaceitação à Aceitação
Social da Religião

O reconhecimento social da religião umbandista aparece hoje como um fato incontestável; sabemos porém que sua história não se desenrolou sem conflitos. No processo de integração e legitimação, a resistência da sociedade global se manifestou em diversas ocasiões e sob diferentes formas. Neste capítulo mostraremos como esta oposição se desenvolveu e quais foram os valores que fundamentaram esta recusa. Assim compreenderemos melhor por que a Umbanda se apoderou dos valores socialmente legítimos, para se impor enquanto religião numa sociedade que lhe foi hostil desde seu nascimento. Optando pela integração, a única possibilidade que lhe restou foi a de interiorizar as críticas feitas pelas instâncias legítimas da sociedade global, transformando-as em seguida em fatores dinâmicos de integração. O movimento de oposição social será analisado principalmente no nível da posição tomada pela Igreja e da chamada grande imprensa. Não se trata porém de se fazer uma análise de conteúdo exaustiva destas duas instâncias, mas de mostrar como a Umbanda encontrou obstáculos importantes no decorrer de sua legitimação.

A história da repressão policial aos terreiros afro-brasileiros e posteriormente às tendas umbandistas não foi ainda escrita, ela se esconde nos dossiês da polícia, à espera de alguém para decifrá-la. Entretanto sabemos, por alguns autores, que esta repressão existiu. Gonçalves Fernandes fala da presença de xangôs disfar-

RENATO ORTIZ

çados em blocos carnavalescos, escapando desta forma à ação repressiva da polícia de Recife. [1] Em certas regiões, como na cidade de Maceió, as perseguições engajadas em 1912 foram de tal ordem, que despertaram no negro uma atitude de vigilância, que se refletia sobre a própria estrutura religiosa do culto. Surge uma nova forma litúrgica, o xangô-rezado-baixo, onde a dança e a música desaparecem, celebrando-se as cerimônias unicamente através de orações sussurradas. Arthur Ramos indica o resultado destas incursões policiais nos terreiros baianos [2] e nós sabemos que o mesmo movimento se reproduziu no Estado do Rio de Janeiro. [3] Não conhecemos porém as causas concretas que acarretaram essas perseguições, mas o fato de elas existirem demonstra o grau de ilegitimidade das práticas de origem afro-brasileiras no seio de uma sociedade que lhe era hostil. A falta de estudos mais detalhados a este respeito não nos permite apreender como se articulavam recusa social e ação policial, interação que se traduzia ora pela tolerância, ora pela intolerância. Entretanto, podemos indicar duas razões principais que permitiram e fomentaram esses tipos de incursões: a primeira de ordem jurídica, a segunda de ordem social.

Antigamente, a regulamentação do funcionamento de um terreiro dependia de uma licença especial fornecida pela polícia. A obtenção desta autorização ficava assim submetida ao controle policial, o que acarretava as mais diversas arbitrariedades; muitas das perseguições contra os cultos de baixo espiritismo provinham do fato de não existir ainda um mecanismo jurídico que legalizasse a existência dos terreiros. Somente cora o advento das federações é que o processo de legalização das tendas se desenvolveu. O segundo fator, que nos parece ser o mais interessante, refere-se à relação estreita que se observa entre macumba e criminalidade. Sabe-se que a criminalidade se desenvolve sobretudo nas zonas marginais da sociedade; ora, é justamente nestas regiões que a religião umbandista floresce no início de sua história. Roger Bastide, em São Paulo, e Gonçalves Fernandes,

---

1. Gonçalves Fernandes, *Xangôs do Nordeste*, Rio de Janeiro, Civilização Brasileira, 1937.
2. Arthur Ramos, *O Negro Brasileiro*.
3. Gonçalves Fernandes, *Sincretismo Religioso no Brasil*.

INTEGRAÇÃO E LEGITIMIZAÇÃO SOCIAL 197

no Rio de Janeiro, estudaram, sob perspectivas diferentes, este mesmo fenômeno. Se para Gonçalves Fernandes a religião é fonte de criminalidade, para Roger Bastide, ao contrário, ela representa simplesmente expressão dos desejos criminosos.[4] Apesar de não concordarmos com a abordagem de Gonçalves Fernandes, interessa-nos a relação que ela estabelece entre criminalidade e Umbanda. Vimos como os umbandistas resolvem este problema no nível ideológico, atribuindo aos Exus-Pagãos as obsessões criminosas. Associando-se o Exu-Pagão à macumba, eles se livram de toda e qualquer responsabilidade, podendo doravante se insurgir contra este desvio lamentável que é a quimbanda. A dualidade de Exu desempenha portanto um papel importante na aceitação social da religião; a ambivalência Exu-Pagão/Exu-Batizado projeta sobre o primeiro todos os erros, o que implica a valorização de sua contrapartida. A interpretação umbandista de Exu incorpora assim uma crítica que a sociedade global lhe endereça; esta é porém transformada em fator dinâmico para a integração social da religião.

A primeira instância legítima que se opõe à integração da religião umbandista na sociedade é a ciência, que vai associar loucura e possessão dentro de uma fórmula mecanicista. A idéia de que o fenômeno do transe se reduziria às manifestações histéricas perdurou durante um bom tempo nas ciências sociais.[5] Desta forma a imagem da loucura penetra o significado religioso, fazendo com que a Umbanda figure lado a lado com a sífilis, o alcoolismo e as doenças contagiosas, como fonte de doença mental:

"Os casos de doenças mentais provocadas pelo espiritismo vêm aumentando consideravelmente nos últimos tempos; é raro o dia em que não me é dado observar pelo menos um, no Instituto de Neuropatologia em que funciona a clínica da Faculdade de Medicina. A sífilis, o alcoolismo e o espiritismo são fatores que concorrem em 90% dos casos de alienação mental".[6]

4. Ver Gonçalves Fernandes, *ibid.,* e Roger Bastide, *A Macumba Paulista.*
5. Sobre a relação entre possessão e loucura, ver Roger Bastide, *Le rêve, la transe et la folie,* cit.
6. H. Roxo, *Modernas Tendências da Psiquiatria,* Rio de Janeiro, 1918.

198   RENATO ORTIZ

Ou:

"Entre os males sociais que se apontam em nosso país como grandes fatores de loucura, está o espiritismo grosseiro que se desenvolve num terreno adubado pela ignorância e pelas superstições — em meio profundamente tarado... O espiritismo não é somente um mal que se alastra nas camadas inferiores — incapazes de controle e resistência — senão que se estende, alcançando as camadas superiores da sociedade".[7]

O transe aparece então como uma forma de anormalidade, um sinal patológico de manifestação com o sagrado. Foi necessário esperar a revisão das teorias psiquiátricas e a difusão de novas idéias a respeito da possessão, para que uma transformação desta imagem negativa da religião se concretizasse. Embora as novas concepções do transe não sejam ainda do domínio do grande público, é certo porém que elas já penetraram a camada de intelectuais umbandistas. Uma curiosa inversão se opera: de forma patológica, a possessão passa a ser encarada como meio de vencer a doença mental, como terapia.[8] Desta maneira um adepto como Francisco Louza poderá escrever que a Umbanda é a crença apropriada para a resolução dos problemas mentais, pois ela é a "única religião que aceita no seu quadro social e mediúnico pessoas que apresentam distúrbios neuróticos. Não só aceitam mas equilibram os poderes psíquicos com o físico, dando a cada um a possibilidade de uma vida normal na sociedade, no lar e no trabalho".[9]

Porém é sobretudo a idéia de "ignorância", de "barbarismo", de "atraso", "não-civilização", enfim, de "negro", que domina a maioria das críticas, seja da Igreja ou da grande imprensa,

---

7. Oscar de Souza, *O indivíduo e o meio do ponto de vista da higiene mental,* Rio de Janeiro, 1928. Ver também a repercussão destas idéias na grande imprensa: David Nasser, "Os loucos serão felizes?", *O Cruzeiro,* 27/11/1943.
8. Sobre o transe como terapia, ver Jacqueline Moufunga, *Ambivalence et Culte de Posséssion,* Paris, Anthropos, 1972, e Zempline, "La dimension thérapeutique du culte des rabs", in *Psychopatologie Africaine,* Dakar, II (3), 1966, pp. 295-439.
9. Francisco Louza, *Umbanda e Psicanálise,* p. 42.

INTEGRAÇÃO E LEGITIMIZAÇÃO SOCIAL 199

contra os cultos da macumba e da Umbanda. Examinemos algumas destas críticas veiculadas nos órgãos de imprensa de origem leiga ou clerical. Referindo-se às práticas umbandistas, o Cardeal Motta escreve:

"Além do feiticismo dos nossos indígenas, dos provenientes da Ásia e Europa, recebeu o nosso povo essa triste herança provinda também da África, por via dos antigos escravos negros. Presentemente, para a mais estulta aberração e falta de espírito, cultiva-se mesmo, no Brasil, a macumba africana a pretexto de folclore e esnobismo. E cultua-se tão *bárbara* superstição de magia negra em centros que deveriam ser mais representativos da *civilização* brasileira como Rio de Janeiro e Bahia. É uma ignomínia a prática de tais abusões entre cristãos... É triste averiguar que a marcha de nosso *progresso* espiritual e cultural é no sentido da *senzala* para o *salão,* e não do salão para a senzala. A macumba é um dos maiores atentados contra a fé, contra a moral, contra nossos *foros de educação, contra a higiene* e contra a segurança. É o atestado alarmante de nossa *ignorância* religiosa e científica, e de nossa falta de policimento".[10]

David Nasser, comentando uma intervenção do arcebispo do Rio (ex-GB) na televisão, adverte os telespectadores contra a penetração dos ritos umbandistas:

"Dom Jaime sabe que os brasileiros, seus filhos, suas ovelhas, seus comandados espirituais, necessitam agora mais do que nunca de seus rumos, de sua orientação. Nunca maior onda de cultos estranhos, vindos da África via Bahia, ou de Paris via Allan Kardec, invadiu uma nação com maior rapidez e fúria que os candomblés, os rituais de Umbanda, a linha branca e a linha negra, o culto *bárbaro* de Exu ou o endeusar de Ogum, ao se disseminarem pelo Brasil. Ora, a voz do pastor na televisão se impunha justamente para explicar aos mais ingênuos que tudo não passa

10. Cardeal Motta, "Combate ao Espiritismo", in *Boletim Eclesiástico*, Arquidiocese de São Paulo, jul. 1953, p. 302.

200   RENATO ORTIZ

de uma terrível coincidência. Para desfazer as dúvidas dos
corações inocentes e evitar que neles se introduzisse, face
aos acontecimentos que julgavam sobrenaturais, o *micró-
bio da feitiçaria,* a semente de uma nova religião também
cheia de símbolos, impregnada de misticismo, porém *bárbara* ainda".[11]

Entretanto, o documento que exprime melhor a oposição
entre "civilização" e "barbárie", "ciência" e "superstição", "branco" e "negro" é o editorial escrito por *O Estado de S. Paulo,* na
ocasião da visita do escritor inglês Aldous Huxley, a um terreiro
de macumba. Este documento revela de forma tão clara a ideologia dominante, e, apesar de longo, pensamos que vale a pena
citá-lo:

> *"Huxley na macumba*
>
> É profundamente humilhante para todos nós, brasileiros,
> que o escritor Aldous Huxley tenha podido assistir, em ple-
> no coração do Rio de Janeiro, a uma cerimônia de macum-
> ba. Não apenas porque alguns pretensos intelectuais enca-
> minhassem o famoso autor de *Admirável Mundo Novo* para
> o morro do Salgueiro. Mas pela simples e única razão de
> ser ainda possível, em mil novecentos e cinquenta e oito,
> quando caminhamos em plena era atómica não se sabe se
> para o cataclismo, a realização de torpezas tais na própria
> capital da República.
>
> Os jornais pormenorizam que o espetáculo a que foi levado
> o homem de letras, sem dúvida um dos mais destacados no
> panorama contemporâneo da literatura anglo-saxônica, se
> verificou a poucas centenas de metros do Catete. "Ali —
> afirmam os jornalistas — sobre um altar, estavam juntos
> imagens de santos católicos, orixás, fetiches africanos e
> ameríndios, fotografias de políticos, estampas de Tiradentes,
> figuras de Buda e de Zumbi dos Palmares, além de cerâmi-
> cas de bichos, conjunto esse que impressionou o escritor

11. David Nasser, "Cuide de Nossas Almas, Cardeal", in *O Cruzeiro,* 3/11/
59, p. 28.

INTEGRAÇÃO E LEGITIMIZAÇÃO SOCIAL 201

inglês. As danças e cantos que se seguiram, interrompidos a meio pelo 'Pai-de-Santo' para o 'abraço duplo ao visitante', prosseguiram depois dedicados a este. Temos, assim, a prova evidente de que as pessoas que guiaram o autor de 'Contraponto' até ao incrível e repugnante antro lhe fizeram ver, talvez sem o pensarem, o espelho exato em que se reflete o nível social onde se afundam e chafurdam cerca de 600.000 favelados! A existência desta sub-humanidade exprime, com efeito, um estado de espírito e define a confusão e o descalabro psíquico a que chegaram esses miseráveis seres. A macumba impera, arrebanhando cada vez maior número de praticantes de ritos que são um insulto à civilização. A favela ganha terreno, o problema é, dia-a-dia, mais complexo e a sua solução cada vez mais longínqua. A onda fortalece de tal modo que o caminho apontado parece ser o da expulsão do governo federal e da população civilizada do Rio de Janeiro. Pelo menos, esta é a dedução natural aceita por aqueles que, a pretexto de mostrarem uma expressão da vida brasileira, levaram o intelectual inglês à favela e o introduziram no meio daquela indescritível podridão".[12]

O mesmo jornal reforça num outro editorial a incompatibilidade entre "civilização" e "macumba":

"A prática da macumba não pode ser confundida com a liberdade de culto. O curandeirismo é inaceitável na *era em que vivemos*. A pretensão de resolver divergências familiares, de conciliar amores ou de consumar vinganças, são atos de pura feitiçaria que definem um sentido de vida tão *primitivo* e *recuado;* temos certeza, a esmagadora maioria de São Paulo repele indignamente como afronta que não merece".[13]

Basta comparar essas críticas àquelas que os umbandistas endereçam aos cultos afro-brasileiros e aos segmentos menos ocidentalizados da Umbanda, para constatar a que ponto eles interiorizaram a ideologia dominante da sociedade global. "Barba-

12. *O Estado de S. Paulo,* 14/8/58.
13. *O Estado de S. Paulo,* 11/1/59.

202   RENATO ORTIZ

rismo", "insulto à civilização", "ignorância", "vida atrasada e primitiva" (espíritos atrasados!) são termos que se opõem à "era em que vivemos", "idade da cibernética", "idade da comunicação". Estas últimas qualidades são bens simbólicos que os umbandistas se apropriam para transformá-los em elementos dinâmicos de integração e legitimação social. É claro que não no mesmo sentido em que a Igreja e a grande imprensa gostariam, mas isto tem pouca relevância; o que importa é que o movimento religioso consegue reinterpretar as práticas de origem afro-brasileiras, em termos de civilização.

O Mercado Concorrencial

Para compreendermos melhor a passagem da inaceitação à aceitação social da religião, nada mais esclarecedor do que comparar a Umbanda à religião católica. Desta forma teremos dois extremos que se opõem — o pólo da ilegitimidade e o da legitimidade, transcorrendo de um a outro através da história. Para aprender as relações que se estabelecem entre Igreja e Umbanda, utilizamos o modelo de mercado religioso desenvolvido por Peter Berger.[14] Este tipo de análise se mostra tanto mais interessante quando se observa a correspondência estreita que existe entre economia de mercado e economia religiosa,[15] desenvolvendo-se a concorrência religiosa no Brasil, no momento em que se consolida um mercado interno que se fundamenta na substituição das importações. Mais uma vez poderemos confirmar a correlação entre o processo de autonomização da cultura e as transformações sócio-econômicas. Na medida em que a religião umbandista tende a integrar o campo religioso legítimo da sociedade, ele entra num processo de competição com as outras instâncias religiosas. A legitimação se caracteriza assim pela dominação de uma parte do mercado religioso.

14. Peter Berger, *La religion dans la conscience moderne*.
15. O mesmo paralelismo entre mercado econômico e mercado da arte encontra-se desenvolvido em Pierre Bourdieu, "O Mercado de Bens Simbólicos", in *Economia das Trocas Simbólicas*, pp. 99-182.

INTEGRAÇÃO E LEGITIMIZAÇÃO SOCIAL   203

Pode-se dizer que até 1952 o problema umbandista não tinha ainda se colocado para os representantes da Igreja católica.

É bem verdade que a prática da evocação dos espíritos dos mortos, essencial ao espiritismo, já tinha sido condenada pela pastoral de 1915, e que antes de 1952 encontram-se alguns artigos que se ocupam da heresia espírita. Trata-se, porém, de um problema teológico. A partir de 1952 o quadro se modifica: o que era simplesmente incompatibilidade teológica transforma-se em razão de combate. A Umbanda aparece doravante como uma ameaça aos católicos brasileiros, e o artigo do Frei Boaventura Kloppenburg, a respeito da heresia espírita, inicia uma verdadeira campanha antiumbandista. Por que a data de 1952? A resposta pode facilmente ser dada se colocarmos o problema em termos de mercado religioso. Observando-se os gráficos de crescimento do movimento umbandista, constata-se que 1951-1952 são justamente os anos em que a Umbanda atinge seu ponto máximo de crescimento no Estado da Guanabara. Ora, é no Rio de Janeiro que se faz a "tomada de consciência" de Kloppenburg em relação ao "perigo" espírita. A Igreja ressente pela primeira vez, através de um de seus membros, o problema da concorrência religiosa; sua reação será a de recusar-se a pôr em xeque seu monopólio religioso legado pela história. Desta forma só lhe resta o argumento da condenação; toda modalidade religiosa concorrente que retira clientes da sua órbita é vista como herética. Analisemos o discurso da imprensa cristã para ver como é sentido o problema da perda de parte da clientela religiosa em proveito de uma nova profissão de fé.

O artigo de Kloppenburg que coloca em alerta a comunidade católica intitula-se "Contra a Heresia Espírita"; a partir de dados estatísticos fornecidos pelo IBGE, o autor mostra que no Rio de Janeiro o número de espíritas passa, entre 1940 e 1950, de 75.149 a 123.775.[16] Kloppenburg escreve em termos bastante claros:

> "De Norte a Sul, na capital e nas capitais, em todas as cidades e aldeias, nas altas e baixas camadas sociais, entre intelectuais e ignorantes, nas fábricas e nos quartéis, em toda

16. Kloppenburg, "Contra a Heresia Espírita", in *REB*, v. 12, fasc. I, 1952.

204 RENATO ORTIZ

parte vai penetrando, se insinuando e instilando, aberta ou fingidamente, conforme o ambiente e as pessoas, o veneno anticristão e pagão do Espiritismo".[17]

Num outro artigo do autor reaparece novamente o problema da clientela religiosa. Analisando a idéia de Jesus na cosmologia espírita, ele concluí:

"Resta-nos assim, mais uma vez, do estudo da doutrina espírita, uma mão cheia de heresias também em torno da pessoa de Nosso Senhor Jesus Cristo. Tem-se a impressão de que o único empuxo da Doutrina Espírita consistiu em negar as doutrinas da Igreja. Não mereciam eles a nossa atenção, nem lhes dedicaríamos tanto esforço e tempo, se não contássemos, com profunda e sentida tristeza, que *milhares* de centros e tendas espíritas, *espalhados de Norte a Sul* do Brasil, têm todos eles a professada finalidade de *difundir* e *propagar* por todas as formas e meios possíveis a doutrina codificada de Allan Kardec ou pela lei da Umbanda".[18]

Diante do "alarmante" crescimento do baixo espiritismo, o autor escreve:

"Mas por que a polícia não obstante *continua a registrar* e *legalizar* estes antros de superstições, intoxicação e mistificação que levam tanta gente às práticas bárbaras de verdadeira idolatria e paganismo, e também ao manicômio? O que na verdade notamos não é apenas essa criminosa tolerância, veremos mais: o Rio inteiro acha as macumbas pitorescas, elas são até mesmo incentivadas como espetaculo de valor turístico".[19]

Entretanto, é o testemunho ingênuo mas eloquente de um padre do interior que coloca claramente a consternação da Igreja

17. *Ibid.*, p. 87.
18. Kloppenburg, "A Cristologia do Espiritismo", in *REB,* v. 13, fasc. 1 1953, p. 104.
19. Kloppenburg, "O Alarmante Crescimento do Baixo Espiritismo", in *REB,* v. 13, fase. 2, 1953, pp. 417-418.

INTEGRAÇÃO E LEGITIMIZAÇÃO SOCIAL 205

face a um mercado concorrencial religioso que se implanta, e com o qual ela se recusa obstinadamente a dialogar.

"Acabo de retornar de um dos bairros da cidade, e trago o coração despedaçado. Meus senhores, os lobos vorazes de que fala o Evangelho estão entrando cada vez mais no aprisco de nossas ovelhas. A pilhagem é simplesmente de causar pavor. *Saqueiam* os lares católicos, e levam as melhores presas. O tenente N. N., com quem apalavrei um terço hoje a noite, contou-me que em sua própria família a *pirataria* começou. Seu filho passou para os 'caboclos' com malas e bagagens. Sua filha também anda às voltas com dirigentes da umbanda. Outra família, do lado esquerdo do movimento, já se bandeou para os metodistas. Cada mês a *safra das heresias* no *campo católico* é estuporante. O açougueiro no bairro já frequenta o templo metodista. O fotógrafo faz mais de ano que ingressou na seita adventista. No arrebalde funcionam 4 centros de umbanda, fora os centros de espiritismo e as igrejas pentecostais, metodistas, adventistas e outros. Meus senhores, é o fim do mundo".[20]

Trata-se realmente do "fim do mundo", mas simplesmente do mundo da hegemonia católica que se vê assolada pela concorrência de novas profissões de fé. A resposta da Igreja a esta "situação de mercado" é imediata; em agosto de 1953 a CNBB lança uma "Campanha Nacional Contra a Heresia Espírita". Ainda em 1953, é criada a "Secção Anti-Espírita" do Secretariado Nacional da Defesa da Fé e da Moral, da qual Kloppenburg torna-se diretor.[21] Analisemos mais de perto algumas das resoluções da CNBB no combate contra o movimento espírita:[22]

a) Aproveitar as devoções populares para instruir o povo. Proibição expressa, nas festas dos santos explorados pelo Espiritismo, de tudo o que leva à superstição.

20. P. L., "Salvemos o Brasil da Heresia", in *REB*, v. 15, fasc 2, 1955, p. 425.
21. Kloppenburg, "Começa a Campanha Nacional Contra a Heresia Espírita", in *REB*, v. 13, fase. 3, 1953, p. 655.
22. As resoluções da CNBB se encontram na íntegra em *REB*, v. 13, set. 1953, pp. 764-766.

206 RENATO ORTIZ

b) Incremento à devoção do Divino Espírito Santo, ao Senhor Bom Jesus, a Nossa Senhora, aos anjos e às almas do Purgatório, como antídoto ao florescimento das superstições espíritas.

c) Critério e moderação na venda e bênção das estátuas e quadros dos santos, máxime de São Jorge, São Cosme e São Damião. Atuação junto às fábricas desses produtos para que se submetam às leis elementares da arte e do bom gosto e às prescrições da Igreja.

d) Farta utilização das bênçãos e demais sacramentos, em contraposição aos passes espíritas.

e) Instituição da bênção dos enfermos.

O programa eclesiástico aparece assim como um verdadeiro esforço de *marketing*, onde se pretende a qualquer custo influir na lei da oferta e da procura dos bens religiosos. Respondendo às inclinações místicas do povo brasileiro, a Igreja pretende equilibrar a oferta espírita com o lançamento de novos produtos religiosos. Desta maneira aos passes magnéticos e às invocações dos espíritos, ela contrapõe a bênção dos enfermos ou o culto às almas do Purgatório. São Jorge (Ogum), São Cosme e Damião (Ibejis) são os santos que devem justamente ser submetidos a um maior controle do aparelho eclesiástico, pois trata-se de elementos que estão normalmente integrados no sistema sincrético. Outro ponto do documento da CNBB revela de forma explícita sua preocupação a respeito da concorrência religiosa. Antecipando-se a seus concorrentes, a Igreja pretende neutralizar a eficácia do recrutamento espírita desenvolvendo intensamente um programa de assistência social.[23]

Todas estas contra-indicações se inscrevem dentro de uma mesma perspectiva estratégica; incapaz de colocar em questão seu monopólio religioso, a Igreja se recusa terminantemente a abordar a concorrência religiosa em termos positivos. A Umbanda será portanto rejeitada, e os representantes católicos não economizarão recursos em sua campanha anti-herética.[24] A imprensa,

---

23. *Ibid.*, p. 766.
24. Kloppenburg chega a pregar a excomunhão dos fiéis que frequentam o espiritismo, lêem ou simplesmente conservam livros espíritas, a proibição de enterrar adeptos do espiritismo pela Igreja, o casamento entre católicos e espíritas. In *Contra a Heresia Espírita*.

INTEGRAÇÃO E LEGITIMIZAÇÃO SOCIAL 207

os livros, o rádio, a televisão transformam-se desta forma em meios eficazes de publicidade, difundindo a mensagem (produto) católica em nível nacional. A *Revista Eclesiástica Brasileira* desempenha o importante papel de porta-voz das diretrizes da Igreja. Durante o período de 1953 a 1964 inúmeros artigos sobre teologia e práticas heréticas são publicados com a finalidade de melhor orientar o combate à "maré de paganismo". É claro que esta campanha religiosa não se desempenha sem conflitos; por exemplo, as querelas a respeito da utilização das imagens de santo pelos umbandistas são frequentes.[25] Algumas vezes elas se transformam em verdadeiras contendas de rua, onde fiéis umbandistas se opõem a adeptos católicos.[26] Não nos interessa diretamente neste trabalho como se desenvolvem esses tipos de conflitos; basta constatar a atitude negativa da Igreja diante dos cultos umbandistas. Com efeito, o que emana do discurso cristão é uma dose de irritada intolerância, a recusa energética em aceitar como legítima uma nova profissão de fé. A Umbanda é, portanto considerada ilegítima em todos os aspectos; ela é tachada de "heresia ignóbil", e os bispos católicos chegam até a invocar a proteção estatal diante da "invasão" pelas tendas espíritas.[27] Somente após o desenvolvimento incontestável do mercado religioso brasileiro juntamente com as resoluções do Vaticano II é que a atitude eclesiástica se transforma. Passamos desta forma a uma nova etapa da história umbandista, a de sua aceitação social.

Com o advento do Vaticano II, a postura da Igreja brasileira se modifica, e uma nova posição pastoral se desenvolve diante da Umbanda.[28] O tom muda radicalmente; não se trata mais de considerar os adeptos umbandistas como heréticos, mas de reencontrar na doutrina da Umbanda a manifestação do Verbo. A Igreja passa doravante a "valorizar positivamente os ritos, usos e costumes da religião umbandista"; ela descobre "com alegria e respeito o Logos Spermatikos nas culturas africanas, portanto, na

---

25. Ver *REB*, v. 18, jun. 1958, p. 570.

26. Ver *O Estado de S. Paulo:* "Violentos Conflitos em Frente a uma Igreja", 4/11/59.

27. Ver o documento da CNBB em *REB*, v. 16, fasc. 4, 1956, p. 944.

28. Kloppenburg, "Ensaio de uma Nova Posição Pastoral perante a Umbanda", in *REB*, v. 28, fasc. 2, jun. 1968.

208 RENATO ORTIZ

nossa Umbanda".[29] É bem verdade que certas incompatibilidades doutrinais subsistem, por exemplo, a prática da necromancia ou a teoria da reencarnação; entretanto os fatores negativos são abandonados pelo discurso católico, sendo a ênfase calcada nos pontos positivos do culto umbandista. A Umbanda torna-se matéria de estudo e reflexão para os representantes católicos, e a Igreja procurará nos ritos umbandistas "uma linha de desenvolvimento cultural que ajude o povo a ser mais cristão mas sob uma forma brasileira".[30] Ela se transforma em fonte de inspiração para um novo tipo de evangelização: "A Igreja já perdeu muito tempo em hostilidade. Agora chegou o momento de buscar, no Espiritismo e na Umbanda, os elementos vivos que sirvam à Igreja no seu trabalho de evangelização".[31]

Seria porém ilusório atribuir as modificações ocorridas na posição católica, exclusivamente aos efeitos produzidos pelas declarações do Vaticano II. Sem negar a importância das resoluções do aparelho burocrático eclesiástico, pensamos como Peter Berger que o ecumenismo é sobretudo uma exigência da situação pluralista global que envolve as sociedades modernas; ele é muito mais do que um simples "resultado das afinidades psicossociológicas do pessoal burocrático religioso".[32] Não é a superestrutura que impõe uma nova estratégia diante da pluralidade de cultos, mas, ao contrário, aquela é o resultado das transformações sócio-econômicas que atingem a Igreja em escala mundial. O problema de mercado não desaparece, portanto, das preocupações católicas, ele é simplesmente colocado em novos termos. Tomemos por exemplo as declarações de Kloppenburg logo após o advento do Vaticano II:

"O movimento ecumênico, as normas do diálogo ecumênico, as direções pastorais e ecumênicas do Vaticano II exigem uma revisão de nossa atitude perante os movimentos religiosos não-católicos. É preciso reconhecer lealmente que nossa atitude nem sempre tem sido ecumênica,

29. Kloppenburg, *ibid.,* p. 410.
30. Declaração do bispo de Uberaba durante as reuniões do Regional Leste II da CNBB, in *O Estado de S. Paulo,* 13/6/73.
31. *Ibid.*
32. Peter Berger, *op. cit.,* p. 407.

INTEGRAÇÃO E LEGITIMIZAÇÃO SOCIAL 209

no bom e legítimo sentido da palavra, agora oficializada pelo concílio. Mas é preciso reconhecer também que os não-católicos tampouco se notabilizaram por suas atitudes ecumênicas. Eles, protestantes, espíritas, umbandistas, maçons, continuam cada vez mais imperturbáveis (favorecidos agora pelo ecumenismo de nosso lado) seu trabalho de *propaganda* e proselitismo no *ambiente* católico. Continuam porém os ataques públicos e sistemáticos às verdades de nossa santa fé. Por isso mesmo persiste também a obrigação e urgência de defender a fé. Movidos por um mal entendimento do ecumenismo, não podemos fechar os olhos e não tomar conhecimento da *propaganda* anticatólica, não podemos deixar de guiar nossos católicos desorientados".[33]

Na realidade, o problema da clientela religiosa permanece subjacente às inquietações católicas. Se a Umbanda transforma-se em matéria de reflexão, fonte de inspiração evangélica, é porque a Igreja passa a considerá-la como uma forma mais eficaz dos ensinamentos bíblicos. Retomando as declarações do Vaticano II, Kloppenburg insiste sobre este ponto: "a Igreja considera com muito respeito os valores morais e religiosos da tradição africana, não só pelo seu significado, mas também porque neles vê a *base providencial sobre que transmitir a mensagem evangélica"* (grifado pelo autor).[34] A compreensão da eficácia das religiões populares é fundamental, sem ela "faremos planos sem base, construções sem fundamento, missões sem ponto de partida".[35] O problema missionário não poderia colocar-se de forma mais clara. O ecumenismo não elimina a questão do proselitismo, da "publicidade", mas a recoloca em termos pluralistas em adequação portanto a uma economia de mercado religioso, integrando a Igreja dentro de um sistema de livre concorrência. Do ponto de vista da legitimação, esta atitude tem uma importância considerável. A Umbanda torna-se "uma realidade em relação a

33. Kloppenburg, "Vozes Ecumênicas em Defesa da Fé", in *REB*, v. 24, fasc. 2, 1964, p. 408.
34. Kloppenburg, "Ensaio de uma Nova Posição...", p. 407.
35. Kloppenburg, *ibid.*

210 RENATO ORTIZ

qual não se pode mais fechar os olhos",[36] dito de outra forma, ela se transforma em parceiro legítimo dentro do mercado concorrencial religioso.

A aceitação do movimento umbandista, pela Igreja, não se faz pois ao acaso, ela segue a linha histórica desta religião que se bate por sua legitimação social. Fruto das transformações sociais que ocorrem no Brasil no início do século XX, a Umbanda se impõe hoje com toda sua força. Dotada de meios modernos de comunicação de massa, livros, jornais, revistas, rádio, acesso à televisão, a Umbanda desponta como uma religião nacional e nacionalista, a única a reivindicar uma nacionalidade 100% brasileira, em oposição às crenças importadas.[37] Entretanto, o fruto do amálgama europeu-índio-negro pouco tem a ver com outros símbolos de brasilidade, por exemplo, Macunaíma ou a Poesia Pau-Brasil. Trata-se sobretudo da vitória da moral caritativa, da homogeneidade do sagrado, por detrás da qual se escondem calmamente as contradições de classe e de cor da sociedade brasileira.

---

36. Padre Valdeli Carvalho Costa, "Observações Pastorais", publicação da CNBB, Rio de Janeiro, 1972.
37. José Álvares Pessoa, *Umbanda, Religião do Brasil;* Rio de Janeiro, Espiritualista, 1960.

Conclusão

Estudos realizados na América Latina mostram que, apesar das transformações sócio-econômicas decorridas nos últimos anos, traços e comportamentos culturais denominados tradicionais subsistem no seio da chamada sociedade moderna. Basta opor os trabalhos de Oscar Lewis à perspectiva dualista de Robert Redfield, para se constatar a que ponto os elementos de origem *folk* se mantêm no interior das grandes metrópoles.[1] Com efeito, a transformação de uma sociedade tradicional em uma sociedade industrial não é um processo cumulativo onde novas variáveis são adicionadas à estrutura anterior. Existe, na realidade, todo um jogo dialético que opõe ao mesmo tempo a nova e a velha estrutura. No domínio dos símbolos, o tradicional, longe de se transformar em moderno, estabelece, com este último setor, relações bem mais complexas. Nosso estudo sobre a Umbanda recoloca o problema abordado pelo dualismo, que considera as sociedades latino-americanas divididas em dois setores estanques, sendo que um se desenvolveria num ritmo mais acelerado do que o outro.[2] Mesmo que a sociedade brasileira se urbanize, se indus-

1. Ver Robert Redfield, *The Folk Culture of Yucatan*, e Oscar Lewis, *Antropologia de la Pobreza*, México, Fondo de Cultura Económica, 1961, ou um artigo onde Lewis critica as idéias de Redfield, "Urbanización sin Desorganización", in *América Indígena*, México, 1957, 18 (3), 230-246.
2. Sobre a abordagem dualista, ver Gino Germani, *Política y Sociedad en una Época de Transición*, Buenos Aires, Paidós, 1965. Para uma crítica deste ponto de vista, ver F. H. Cardoso e Enzo Faletto, *Dependência e Desenvol-*

212 RENATO ORTIZ

trialize e consolide sua divisão em classes, observam-se na esfera cultural operações que não são meros reflexos da infra-estrutura. A ideologia umbandista conserva e transforma os elementos culturais afro-brasileiros dentro de uma sociedade moderna; desta forma existe ruptura, esquecimento e reinterpretação dos antigos valores tradicionais.

Essas conclusões nos permitem abordar um problema específico da sociologia das religiões: o da secularização. É evidente que o desenvolvimento da industrialização e da urbanização brasileiras acelera um movimento de secularização que se processa paralelamente ao primeiro. As técnicas e o saber tradicional são colocados em questão e tendem para um nível de secularização mais adaptado às sociedades complexas.[3] Este processo não se restringe porém ao domínio da técnica ou do saber, ele atinge níveis mais profundos, para transformar as normas de conduta e a própria personalidade dos agentes sociais. Fernando Henrique Cardoso, estudando os empresários brasileiros, pôde mostrar que, na medida em que as transformações se processam no setor econômico, a mentalidade tradicional dos capitães de indústria se transforma progressivamente numa mentalidade de *manager*.[4] Entretanto, pode-se perguntar: devemos falar indistintamente sobre secularização, ou seria mais interessante distinguir níveis de secularização? Vejamos em que nosso estudo sobre a Umbanda pode contribuir para a compreensão desses problemas mais gerais.

A análise da religião umbandista nos permite distinguir dois movimentos secularizadores complementares: a racionalização da empresa sagrada umbandista, e a racionalização das crenças e práticas religiosas. Pode-se comparar o primeiro movimento à passagem da mentalidade dos capitães de indústria à mentalidade de *manager*. O domínio em questão é justamente aquele onde o espírito de cálculo tem uma importância primordial, e a ação

---

vimento na *América Latina,* Rio de Janeiro, Zahar, 1970, e Lúcio Kowarick, *Capitalismo e Marginalidade na América Latina,* Rio de Janeiro, Paz e Terra, 1975.

3. Ver os estudos de comunidade, por exemplo, o de Emílio Willems Cunha: *Tradição e Transição em uma Cultura Rural do Brasil,* São Paulo, Secretaria de Agricultura, 1947.

4. F. H. Cardoso, *Empresário Industrial e Desenvolvimento Econômico,* São Paulo, Difel, 1964.

INTEGRAÇÃO E LEGITIMIZAÇÃO SOCIAL   213

deve ser regulamentada por um tipo de "racionalidade por finalidade", segundo a expressão de Max Weber. Vamos assim encontrar no seio da empresa umbandista operações do tipo codificação das crenças e dos ritos, normalização do produto religioso, centralização e burocratização do culto. Entretanto, estes elementos se vinculam estreitamente a uma estratégia religiosa que enfrenta uma situação de um mercado pluralista. Como o *manager,* no exemplo das mentalidades capitalistas, os agentes religiosos devem se organizar para afrontar uma concorrência de tipo religioso.

Invertendo-se, porém, o ponto de vista, isto é, analisando-se o problema da racionalização não mais referindo-o a um mercado religioso, a questão muda consideravelmente de dimensão. Apesar de a racionalização dos valores religiosos se processar paralelamente à racionalização da empresa do sagrado, trata-se entretanto de fenômenos diferentes. O mecanismo de reinterpretação mostra a que ponto valores não seculares se confundem com novos valores modernos. Consideraremos, por exemplo, a magia, caracterizada nos trabalhos weberianos, como rural e tradicional. Vimos que na Umbanda a magia se disfarça sob a forma de um novo discurso, cultivado e pseudocientífico. Nesse sentido podemos afirmar que ela se torna mais eficaz, uma vez que é concebida nos termos de um discurso socialmente legítimo. É claro que as práticas mágicas se transformam, mas sua essência permanece a mesma. Apesar da operação ideológica que se realiza para distinguir a magia branca da magia negra, não resta dúvida de que em nenhum momento o elemento mágico é colocado em questão. Conservando o Exu-Batizado e recusando o Exu-Pagão, os umbandistas estabelecem simplesmente uma escolha ideológica. Desta forma conserva-se e valoriza-se o ato mágico, embora ele passe a se orientar numa direção prescrita pela moral religiosa. Os umbandistas irão assim identificar orgulhosamente Umbanda e magia branca. Se o fenômeno de racionalização existe, trata-se entretanto da racionalização das antigas crenças *folks.* A secularização não implica o desaparecimento dessas crenças, elas podem em muitos casos ser reinterpretadas segundo o código fornecido pela sociedade global.

O fato de distinguir níveis de secularização nos permite estudar a presença das crenças *folks,* religiosas ou mágicas, no

214 RENATO ORTIZ

seio das grandes metrópoles. Nosso trabalho sobre a Umbanda reforça desta forma as conclusões de Oscar Lewis sobre a permanência destes tipos de crenças nas chamadas "culturas de pobreza". Nós trazemos entretanto novos dados sobre o problema: a conservação e a reinterpretação das práticas mágico-religiosas tradicionais não se limitam a uma subcultura, por exemplo, à "cultura de pobreza" descrita por Lewis, mas transpassa as classes sociais, penetrando tanto nas classes baixas como nas classes médias. Esta conclusão recoloca o problema do impacto da industrialização e da urbanização sobre o desenvolvimento das religiões.[5] Frequentemente na literatura sociológica, a cidade é vista exclusivamente como centro de secularização, local de enfraquecimento das práticas e crenças religiosas. Nosso estudo aponta justamente o movimento contrário; a Umbanda é uma religião essencialmente urbana, seu crescimento é até mesmo paralelo ao crescimento dos grandes centros urbanos brasileiros. A cidade é, por assim dizer, o local privilegiado de florescimento da religião umbandista. Podemos concluir, portanto, que o fenômeno de secularização não segue um desenvolvimento unidirecional; ele depende das condições históricas das sociedades onde se processa. Seu estudo, nos países subdesenvolvidos, deve pois levar em consideração os quadros culturais de secularização.

Se por um lado nosso estudo demonstra como se efetua a integração e legitimação da religião umbandista, por outro ele levanta problemas que não foram abordados dentro da perspectiva deste trabalho. A questão do crescimento da Umbanda aparece em filigrana ao longo de todo o estudo, entretanto não perguntamos o porquê deste desenvolvimento tão acelerado. Cândido Procópio responde em parte a esta pergunta, quando considera que as religiões mediúnicas seriam meios eficazes para a integração dos indivíduos na sociedade urbano-industrial. Entretanto nos parece que a perspectiva funcionalista deixa de levar em consideração o fato de existirem religiões que, em-

---

5. Para uma discussão sobre religião e desenvolvimento, ver Henri Desroches, *Socialismes et Sociologie Religieuse,* Paris, Cujas, 1965, e Roger Bastide, "Ethnologie des capitales latino-américaines", in *Caravelle,* Toulouse, n. 3, 1964, pp. 73-82.

INTEGRAÇÃO E LEGITIMIZAÇÃO SOCIAL 215

bora integrem os indivíduos na sociedade, não conhecem por isso um índice de crescimento elevado. Por outro lado, existem ainda religiões como o Pentecostalismo, que, apesar de ter um aspecto disfuncional bastante marcado, apresenta um crescimento importante no ramo do protestantismo brasileiro.[6] Num estudo recente, Peter Fry compara o crescimento da Umbanda ao do Pentecostalismo; criticando o ponto de vista funcionalista, ele tenta equacionar o problema em termo de redes de relações individuais.[7] Trata-se entretanto de uma hipótese de trabalho que não foi ainda testada.

Um outro aspecto do estudo da Umbanda, que foi aqui ligeiramente esboçado, é a relação entre poder político e poder religioso. Na medida em que a religião umbandista se legitima, se ampara, por exemplo, através do voto, de uma parcela do poder político, uma nova relação de forças entra em jogo. Sabendo-se que a ideologia umbandista tende a conservar o *status quo,* a aproximação Umbanda-Estado leva a uma nova configuração das forças religiosas no país. Uma vez que a Igreja deixa de ser a ideologia oficial do Estado, e que entra parcialmente em conflito com seu poder político, seria o caso de perguntar se, com a ascensão da ideologia umbandista, e sua recente aproximação com o Estado (reconhecimento oficial das federações), não se abriria uma possibilidade de exploração das novas forças políticas dentro de um determinado tipo de dominação. Por exemplo, o Estado poderia escolher alternativamente no mercado religioso uma religião que lhe conviesse melhor na implantação de uma determinada ordem sócio-econômica. Na medida em que a orientação atual da Igreja (CNBB) entra em conflito com a ideologia dominante, a religião umbandista passa a ser um formidável elemento de reserva, apto para inculcar valores de submissão à ordem estabelecida.

Temos aí excelentes hipóteses de trabalho que poderiam ser desenvolvidas através de pesquisas. O estudo da Umbanda ainda está em seu começo; poucos trabalhos científicos foram realizados sobre esta modalidade religiosa. Tem-se a impressão

6. Beatriz Munis de Sousa, *A Experiência da Salvação.*
7. Peter Fry e Gary Howe, "Duas respostas à aflição: umbanda e pentecostalismo", in *Debate e Crítica,* n. 6, 1975, pp. 75-94.

de que as ciências sociais esperaram pela legitimação social da religião, para em seguida se interessar por esse novo gênero de prática religiosa. Resta ainda muito a fazer, só novas pesquisas poderão recolocar as hipóteses levantadas dentro de uma perspectiva concreta do momento atual brasileiro.

Bibliografia

Bibliografia Geral

ANDRADE, Manuel Correia, *Geografia Econômica do Nordeste,* São Paulo, Atlas, 1974.

—— *Cidade e Campo no Brasil,* São Paulo, Brasiliense, 1984.

BALANDIER, Georges, *Sociologie Actuelle de l'Afrique Noire,* Paris, PUF, 1971.

BASTIDE, Roger, *La Femme de Couleur en Amérique Latine,* Paris, Anthropos, 1974.

—— *Le Rêve, la Transe et la Folie,* Paris, Flammarion, 1972.

—— *Sociologie du Brésil,* Paris, Centre de Documentation Universitaire, 1955.

—— *Le Prochain et le Lointain,* Paris, Cujas, 1970.

—— "Mémoire Collective et Sociologie du Bricolage", in *L'Anné Sociologique,* Paris, vol. 21, 1970, pp. 65-108.

—— "Aceulturation", *Encyclopaedia Universalis,* Paris, 1968, pp. 102-108.

—— "Ethnologie des capitales latino-américaines", in *Caravelle,* Toulouse, n.° 3, 1964, pp. 73-82.

BASTIDE, R. e FERNANDES, Florestan, *Brancos e Pretos em São Paulo,* São Paulo, Cia. Ed. Nacional, 1971.

BERGER, Peter, *Les Religions dans la Conscience Moderne,* Paris, Centurion, 1971.

BERGER, P. e LUCKMANN, T., *A Construção Social da Realidade,* Petrópolis, Vozes, 1973.

BOURDIEU, Pierre, "Une interprétation de la théorie de la religion selon Max Weber", in *Archives Européens de Sociologie,* Paris, vol. XII, 1971, pp. 3-21.

—— *Economia das Trocas Simbólicas,* São Paulo, Perspectiva, 1975.

CAMARGO, Cândido Procópio de, *Católicos, Protestantes e Espíritas,* Petrópolis, Vozes, 1973.

CARDOSO, F. Henrique, *Empresário Industrial e Desenvolvimento Económico,* São Paulo, Difel, 1964.

218 RENATO ORTIZ

CARDOSO, F. H. e FALETTO, E., *Dependência e Desenvolvimento na América Latina*, Rio de Janeiro, Zahar, 1970.

COSTA PINTO, L. A., *O Negro no Rio de Janeiro*, São Paulo, Cia. Ed. Nacional, 1953.

— *Sociedade e Desenvolvimento*, Rio de Janeiro, Civilização Brasileira, 1963.

DEAN, Warren, *A Industrialização de São Pauto*, São Paulo, EDUSP, 1971.

DESROCHES, Henri, *Socialismes et Sociologie Religieuse*, Paris, Cujas, 196S.

DIEGUES, JR., Manoel, *Imigração, Urbanização e Industrialização*, Rio de Janeiro, CBPE, 1964.

DURKHEIM, Emile, *Les Formes Elémentaires de la Vie Religieuse*, Paris, PUF, 1968.

— *De la Division du Travail Social*, Paris, PUF, 1973.

FERNANDES, Florestan, *Integração do Negro na Sociedade de Classes*, São Paulo, EDUSP, 1965, 2 vol.

— *Educação e Sociedade no Brasil*, São Paulo, EDUSP, 1966.

FREYRE, Gilberto, *Casa Grande e Senzala*, Rio de Janeiro, José Olympio, 1958.

FURTADO, Celso, *Formação Económica do Brasil*, São Paulo, Cia. Ed. Nacional, 1969.

GENNEP, Van, *Les Rites de Passage*, Paris, Mouton, 1969.

GERMANI, Gino, *Política y Sociedad en una Época de Transición*, Buenos Aires, Paidós, 1965.

GURVITCH, Georges, *La Vocation Actuelle de la Sociologie*, Paris, PUF, 1968.

HALBWACHS, Maurice, *La Mémoire Collective*, Paris, PUF, 1968.

HERSKOVITS, Melville, *Man and His Works*, São Paulo, Mestre Jou, 1969, 2 vol.

— *Dahomey: An Ancien West Africain Kingdon*, N. York, J. J. Augus tin, 1938.

HERSKOVITS, M., REDFÍELD, R. e LINTON, "A Memorandum for the study of acculturation", in *American Anthropologist*, vol. XXXVIII, 1936, pp. 149-152.

HERTZ, Robert, *Sociologie Religieuse*, Paris, PUF, 1970.

HEUSH, Luc de, *Pourquoi l'Epouser*, Paris, Gallimard, 1971.

KARDEC, Allan, *Le Livre des Esprits*, Paris, Librairie Spirite, 1857.

— *Caracteres de la Révélation Spirite*, Paris, Librairie Spirite, 1870.

KOWARICK, Lúcio, *Capitalismo e Marginalidade na América Latina*, Rio de Janeiro, Paz e Terra, 1975.

LEWIS, Oscar, *Antropologia de la Pobreza*, México, Fondo de Cultura Econômica, 1963.

— "Urbanización sin desorganización", in *América Indígena*, México, 18 (3), 1957, pp. 230-246.

LOPEZ, J. Brandão, *Desenvolvimento e Mudança Social*, São Paulo, Cia. Ed. Nacional, 1976.

MALINOWSKÍ, B., *Les Dynamiques de l'Evolution Culturelle*, Paris, Payot, 1970.

— *Une Théorie Scientifique de la Culture*, Paris, Maspéro, 1968.

BIBLIOGRAFIA

MANNHEIM, Karl, *Ideologia e Utopia*, Rio de Janeiro, Zahar, 1972.
MARX, Karl, ENGELS, F., *Sur la Religion*, Paris, Editions Sociales, 1972.
— *L'ideologie Allemande*, Paris, Editions Sociales, 1974.
MAUSS, Marcel, *Sociologie et Anthropologie*, Paris, PUF, 1968.
— *Oeuvres*, Paris, PUF, 1968, 3 vols.
MELLO E SOUZA, A. Cândido, *Literatura e Sociedade*, São Paulo, Cia. Ed. Nacional, 1965.
MIRTRAUX, Alfred, *Le Voudou Haitien*, Paris, Gallimard, 1958.
— "La Comédie Rituelle dans la Possession", in *Revue Diogène*, Paris, 1955.
MILHEIRO, Mário, *Etnografia Angolana*, Luanda, UCA, 1967.
MORSE, Richard, *Formação Histórica de São Paulo*, São Paulo, Difel, 1970.
MUNIS DE SOUZA, B., *A Experiência da Salvação*, São Paulo, Duas Cidades, 1969.
NETO, Delorenzo. *O Município da Capital de São Paulo e a Região Metropolitana*, São Paulo, Série de Estudos de Monografia, nº 2, 1967 (Fac. Osasco).
NICOLAS, J. Monfouga. *Ambivalence et Culte de Possession*, Paris, Anthropos, 1972.
PARRINDER, Geoffroy, *La Religion en Afrique Occidentale*, Paris. Payot, 1950.
PRADO, Caio, *História Económica do Brasil*, São Paulo, Brasiliense, 1970.
RADCLIFFE BROWN, *Structure et Fonction dans la Societé Primitive*, Paris, Ed. Minuit, 1968.
REDFIELD, R., *The Folk Culture of Yucatán*, Chicago, University Press, 1941.
RIBAS, Oscar, *Ilundo*, Angola, Museu de Angola, 1958.
ROMERO, Sílvio, *História da Literatura Brasileira*, Rio de Janeiro, José Olympio, 1943, T. III.
SIEGEL, VOGT, WATSON e BROOM, 'Acculturation: An Exploratory Formulation", in *American Anthropologist*, 56 (6), 1954.
SKIDMORE. Thomas, *Preto no Branco*, Rio de Janeiro, Paz e Terra, 1976.
TAUNAY, A., *História do Café*, Rio de Janeiro, Departamento Nacional do Café, vol. IX, 1939.
TEMPELS, Placide, *La Philosophie Bantoué*, Paris, Présence Africaine, 1948.
VELHO, Gilberto (org.), *O Fenômeno Urbano*, Rio de Janeiro, Zahar, 1975.
WILLEMS, Emílio Cunha, *Tradição e Transição em uma Cultura Rural no Brasil*, São Paulo, Secretaria da Agricultura, 1947.
WEBER, Max, *Economie et Société*, Paris, Plon, 1971, T. I.
ZEMPLINI, Andreas, "La dimension thérapeutique du culte des rabs", in *Psychopatologie Africaine*, Dakar, II (3), 1966, pp. 295-439.

220 RENATO ORTIZ

Bibliografia Especial

BASTIDE, Roger, *As Religiões Africanas no Brasil*, São Paulo, EDUSP, 1971, 2 vols.

— *Estudos Afro-Brasileiros*, São Paulo, Perspectiva, 1973.

— "Le Spiritisme au Brésil", in *Archives des Sciences Sociales des Religions*, Paris, n.° 24, juil.-dec, 1967, pp. 3-16.

— *Le Candomblé de Bahia*, Paris, Mouton, 1973.

— "L'Umbanda en Révision" et "La Rencontre des Dieux Africains et des Esprits Indiens", in *Archives des Sciences Sociales des Religions*, n.° 49, 1975.

— "Le Batuque de Porto Alegre", in *29th International Congress of Americanist*, University of Chicago, 1952, pp. 195-206.

BASTIDE, R., e VERGER, P., "Contribuição ao estudo da adivinhação no Salvador", in *Revista do Museu Paulista*, São Paulo, vol. VIII, 1953, pp. 357-380.

BROWN, Diana, "O Papel Histórico da Classe Média na Umbanda", in *X Reunião Brasileira de Antropologia*, Salvador, 1976 (mimeo.).

CAMARGO, Cândido Procópio de, *Umbanda e Kardecismo*, São Paulo, Pioneira, 1961.

CARNEIRO, Edson, *Os Negros Bantus*, Rio de Janeiro, Civilização Brasileira, 1937.

— *Os Candomblés da Bahia*, Rio de Janeiro, Ouro, s.d.p.

— *Ladinos e Crioulos*, Rio de Janeiro, Civilização Brasileira, 1964.

CASCUDO, L. Câmara, *Antologia do Folclore Brasileiro*, São Paulo, Martins, 1971.

COSSARD, Binon, *Coniribution à l'Etude des Candomblés au Brésil; le Candomblé Angola*. Tese de doutoramento, EPHE, Paris, 1970.

FERNANDES, Gonçalves, *O Sincretismo Religioso no Brasil*, Curitiba, Guaíra, 1941.

— *Xangôs do Nordeste*, Rio de Janeiro, Civilização Brasileira, 1937.

FRY, P., e HOWE, G., "Duas respostas à aflição: Umbanda e Pentecostalismo", *Debate e Crítica*, n.° 6, 1975, pp. 79-94.

KLOPPENBURG, Boaventura, *Umbanda no Brasil*, Petrópolis, Vozes, 1961.

— *O Espiritismo no Brasil*, Petrópolis, Vozes, 1964.

LAPASSADE, G., LUZ, M. A., *O Segredo da Macumba*, Rio de Janeiro, Paz e Terra, 1972.

MELO, A. Morais Filho, *Festas e Tradições Populares no Brasil*, Rio de Janeiro, Ouro, s.d.p.

ORTIZ, Renato, "Du Syncrétisme à la Synthèse: Umbanda une religion brésilienne", in *Archives des Sciences Sociales des Religions*, Paris, n.° 40, 1975, pp. 89-97.

— "Exu", in *Revista Planeta*, Três, n.° 18, 1973, pp. 11-118.

— *A Matrifocalidade Religiosa* (mimeo.), trabalho apresentado no CERU, USP, setembro de 1976.

ORTIZ, R., e MONTEIRO, P., "Contribuição para um estudo quantitativo da religião umbandista", in *Ciência e Cultura*, vol. 28 (4), 1976, pp. 407-416.

BIBLIOGRAFIA 221

PAGLIUCHI, M. L., *Le Spiritisme d'Umbanda*, Memória da Universidade de Lovaina, Bélgica, 1970.

QUERINO, Manoel, *Costumes da Raça Africana*, Rio de Janeiro, Livro Progresso, 1950.

RAMOS, Arthur, *Introdução à Antropologia Brasileira: As Culturas Negras*, Rio de Janeiro, CEB, s.d.p.

— *O Negro Brasileiro*, São Paulo, Cia. Ed. Nacional, 1940.

— *A Aculturação Negra no Brasil*, São Paulo, Cia. Ed. Nacional, 1942.

RIO, João do (Paulo Barreto), *As Religiões no Rio*, Rio de Janeiro, Nova Aguilar, 1976.

RODRIGUES, Nicolau, "Macumbas e Candomblés". Série de reportagens para *O Jornal*, Rio de Janeiro, 1936.

RODRIGUES, Nina, Os *Africanos no Brasil*, São Paulo, Cia. Ed. Nacional, 1945.

— *L'Animisme Fétichiste des Nègres de Bahia*, Bahia, 1900.

SANTOS, Deoscoredes e Juana, "La religion nagô génératrice de valeurs culturelles au Brésil", in *Colloque de Cotonou*, Paris, Présence Africane, 1970, pp. 156-171.

— "ESu Bara: principle of individual life in the Nagô system", *Collo ques Internationaux du CNRS*, Paris, CNRS, 1973, pp. 45-60.

TEIXEIRA MONTEIRO, Douglas, "A Macumba em Vitória", is *Anais do XXXI Congresso Internacional de Americanistas*, São Paulo, 1955, pp. 436-472.

VALENTE, F., "Feiticeiro ou Quimbanda?", in *Ultramar*, Lisboa, ano 10, n.º 39, 1970, pp. 97-112.

VELHO. Yvone, *Guerra de Orixás*, Rio de Janeiro, Zahar, 1975.

VERGER, Pierre, *Notes sur le culte des orisa et Vodum*. Mémoire de lInstitut Français d'Afrique Noire, Dakar, 1957.

— *Dieux d'Afrique*, Paris, Hartmann, 1955.

— "Première cérémonie d'initiation au culte des orishas nago à Bahia au Brésil", in *Revista do Museu Paulista*, São Paulo, vol. DC, 1955, pp. 269-291.

Literatura Umbandista

ALVA, António da, *Como Desmanchar Trabalhos de Quimbanda*, Rio de Janeiro, Eco, 1972, 2 vols.

BANDEIRA, Cavalcanti, *O Que é a Umbanda*, Rio de Janeiro, Eco, 1970.

— *Umbanda: Evolução Histórico-Religiosa*. Apostila apresentada no II Congresso Umbandista, Rio de Janeiro, 1961.

BRAGA, Lourenço, *Umbanda, magia branca, Quimbanda, magia negra*. Rio de Janeiro, Borsoi, 1956.

DECELSO, *Umbanda de Caboclo*, Rio de Janeiro, Eco, 1967.

FARELLI, M. Helena, *As 7 Forças da Umbanda*, Rio de Janeiro, Eco, 1972.

FÉLIX, C. Emanuel, *A Cartilha da Umbanda*, Rio de Janeiro, Eco, 1965.

FREITAS, João de, *Umbanda*, Rio de Janeiro, Eco, s.d.p.

222 RENATO ORTIZ

FONTENELLE, Aluísio, *O Espiritismo no Conceito das Religiões e a Lei da Umbanda,* Rio de Janeiro, Espiritualista, 1952.
LOUZA, Francisco, *Umbanda e Psicanálise,* Rio de Janeiro, Espiritualista, 1971.
MACIEL, Sílvio Pereira, *Umbanda Mista,* Rio de Janeiro, Espiritualista, s.d.p.
— *Alquimia de Umbanda,* Rio de Janeiro, Espiritualista, s.d.p.
MAGNO, Oliveira, *Umbanda e Ocultismo,* Rio de Janeiro, Espiritualista, 1952.
— *Umbanda e Seus Complexos,* Rio de Janeiro, Espiritualista, 1961.
MATTA E SILVA, W. W., *Umbanda de Todos Nós,* São Paulo, Livraria Freitas Bastos, 1970.
OLIVEIRA, Jorge, *Umbanda Transcendental,* Rio de Janeiro, Eco, 1971.
O MUNDO DA UMBANDA, São Paulo, ano I, n.° 2, 1973.
PESSOAS, J. A., *Umbanda, Religião do Brasil,* São Paulo, Obelisco, 1960.
PINTO, Tancredo da Silva, *A Origem da Umbanda,* Rio de Janeiro, Espiritualista, 1970.
PINTO, T. S., e TORRES DE FREITAS, Byron, *Camba de Umbanda,* Rio de Janeiro, Aurora, s.d.p.
REGULAMENTO DA FEDERAÇÃO ESPÍRITA UMBANDISTA DO ESTADO DE SÃO PAULO, São Paulo, Publicação interna da Federação.
REVISTA MIRONGA, Rio de Janeiro, ago.-set. e nov. 1972.
SCLIAR, Marcos, *Umbanda, Magia Branca,* Rio de Janeiro, Eco, 1971.
TEIXEIRA NETO, A. Alves, *O Livro dos Médiuns da Umbanda,* Rio de Janeiro, Eco, 1970.
— *Umbanda dos Pretos-Velhos,* Rio de Janeiro, Eco, 1965.
TENDA MIRIM E SUA ESCOLA. Apostila da Tenda Mirim, Rio de Janeiro, 1952.
TORRES DE FREITAS, Byron, e CARDOSO DE FREITAS, W., *Os Orixás e a Lei da Umbanda,* Rio de Janeiro, Eco, 1969.

Imprensa Leiga

DIÁRIO DA NOITE, "Umbanda no Banco dos Réus", 22/6/73, p. 7.
JORNAL DO BRASIL, "Candomblés e Macumba respondem a dúvida de 20 milhões", 26/8/73, p. 30.
MANCHETE, "Cristo está presente também nos terreiros", 9/6/73, pp. 51-53.
NOTICIAS POPULARES, "Umbanda Só para Granfinos", 14/12/73.
— "800 chefes de terreiro vão moralizar a Umbanda", 29/11/73.
O CRUZEIRO, "Os Loucos Serão Felizes?", 27/11/43.
— "Cuide de Nossas Almas, Cardeal", 3/1/59, p. 28.
O ESTADO DE S. PAULO, "Igreja Mineira buscará inspiração no espiritismo", 13/6/73.
— "Huxlex na Macumba", 14/8/58.
— "Macumba e Civilização são Inconciliáveis", 11/1/59.
— "Violento conflito em frente de uma Igreja", 12/11/60.
— "Regional Leste II", 13/6/73.

BIBLIOGRAFIA   223

Imprensa Católica

CNBB, "Campanha Nacional Contra a Heresia Espírita", *Revista Eclesiástica Brasileira* (REB), 13 (3), 1953, pp. 764-766.

COSTA, Valdeli Carvalho, "Observações Pastorais", *Macumba,* Publicação do Regional Leste I, 1972, pp. 57-62.

KLOPPENBURG, Boaventura, "Contra a Heresia Espírita", in *REB,* 2 (1), 1952, pp. 85-111.

— "A Cristologia do Espiritismo", in *REB,* 13 (1), 1953, pp. 87-105.

— "É Alarmante o Crescimento do Baixo Espiritismo", in *REB,* 13 (2), 1953, pp. 416-420.

— "Reação Contra a Umbanda e o Exemplo do Haiti", in *REB,* 15 (4), 1955, pp. 968-73.

— "Começa a Campanha Nacional Contra a Heresia Espírita", in *REB,* 13 (2), 1953, pp. 655-657.

— "O Espiritismo do Sr. Jânio Quadros", in *REB,* 16 (4), 1956, pp. 944-47.

— "Ensaio de uma Nova Posição Pastoral Perante a Umbanda", in *REB,* 28 (2), 1968, pp. 404-417.

— "Vozes Ecumênicas em Defesa da Fé", in *REB,* 24 (2), 1964, pp. 407-409.

MOTTA (Cardeal), "Combate ao Espiritismo", in *Boletim Eclesiástico da Arquidiocese de São Paulo,* jul. 1953.

P.L. (testemunho escrito), "Salvemos o Brasil da Heresia", in *REB,* 15 (2), 1955, pp. 425-429.

REVISTA ECLESIÁSTICA BRASILEIRA, "Condenação Civil dos Abusos das Imagens nos Terreiros de Umbanda", 18 (2), 1958, pp. 570-577.

Gramáticas de Língua Africana

CHATELAIN. Heli, *Gramática Elementar do Kimbundu* (1888-89). Republicada em New Jersey, Greg Press Incorporated, 1964.

QUINTÃO. José, *Gramática de Quimbundo,* Angola, Instituto de Luanda.

Fontes Estatísticas

ANUÁRIO BANAS, vol. 1 e 2, 1972; vol. 3, 1973.

ANUÁRIO ESTATÍSTICO IBGE, 1965. 1966, 1967, 1968, 1969, 1970.

CENSO DEMOGRÁFICO DO BRASIL, IBGE, 1970.

ESTATÍSTICAS DA EDUCAÇÃO NACIONAL, IBGE, 1960, 1970.

ESTATÍSTICAS DO CULTO UMBANDISTA, IGBE, 1966, 1967, 1968, 1969.

Bibliografia
Sobre Umbanda (19794990)

Livros
1. BENTO, Dilson, *Malungo — Decodificação da Umbanda. Contribuição à História das Religiões,* RJ. Ed. Civilização Brasileira, Coleção Perspectivas do Homem, vol. 125, 1979.
2. COSTA, Valdeli Carvalho da, *Umbanda — Os "seres superiores" e os Orixás/Santos,* S. Paulo. Edições Loyola, Coleção Fé e Realidade nº 12, 1983, 2. vols.
3. BIRMAN, Patrícia, *O que é Umbanda?* S. Paulo, Ed. Brasiliense, Coleção Primeiros Passos, 1983.
4. MONTERO, Paula. *Da Doença à Desordem — A magia na Umbanda,* RJ, Ed. Graal, 1985.
5. TRINDADE, Liana Sálvia, *Exu — Símbolo e Função.* Coleção Religião e Sociedade Brasileira, S. Paulo, vol. 2, FFLCH/USP — CER, 1985.
6. GABRIEL, Chester E., *Comunicações dos Espíritos — Umbanda, Cultos Regionais em Manaus e a Dinâmica do Transe Mediúnico.* S. Paulo, Ed. Loyola, 1985.
7. MAGNANI, José Guilherme Cantor, *Umbanda,* S. Paulo, Ed. Ática, série Princípios, 1986.
8. CONCONE, Maria Helena Villas Boas, *Umbanda — Uma Religião Brasileira.* S. Paulo, FFLCH/USP-CER, Col. Religião e Sociedade Brasileira, 1987.

Coletâneas
1. *Umbanda & Política* (vários autores), RJ, Ed. Marco Zero — ISER, Cadernos do ISER, 18, 1985.

226 RENATO ORTIZ

Artigos/Capítulos de livros

1. NEGRÃO, Lísias Nogueira, "A Umbanda como Expressão de Religiosidade Popular". *Religião e Sociedade* n.º 4, RJ, Ed. Civilização Brasileira, outubro de 1979.
2. FRY, Peter "Manchester, Século XIX, e São Paulo, Século XX, Dois Movimentos Religiosos". In: *Para Inglês Ver — Identidade e Política na Cultura Brasileira*, RJ, Zahar Ed., 1982.
3. CONTINS, Márcia e Goldman, Marcio. "O caso da Pomba Gira"; Religião e Violência — Uma Análise do jogo discursivo entre Umbanda e Sociedade. *Religião e Sociedade*, 11/1, RJ, Ed. Campus, Abril de 1984.
4. ORTIZ, Renato. "Ética, Poder e Política: Umbanda, um Mito — Ideologia". Religião e Sociedade 11/3, RJ, Ed. Campus Ltda., dezembro de 1984.

   _____. "Ogun and the umbandiste religion", *in* Sandra T. Bames *Africa's Ogum*, Bloomington and Indianapolis, Indiana University Press, 1989.
5. CAVALCANTI, Maria Laura Viveiros de Castro. "Origens para que as quero? Questões para uma investigação sobre a Umbanda?. *Religião e Sociedade*, 13/2, Petrópolis, Ed. Vozes, julho de 1986.
6. CONCONE, Maria Helena Villas Boas. "O Ator e seu personagem", in *Religião, Política, Identidade* (Josildeth Gomes Consorte e Marcia Regina da Costa, orgs.), EDUC, Série Cadernos PUC, 1988.
7. MONTERO, Paula, "Umbanda: a doença e o corpo", *Ciência e Cultura*, n.º 31, janeiro 1979.

Teses e dissertações

1. MOTT, Yoshiko Tanabe. "O Segredo do Cofre — Um Estudo da Manifestação e comercialização de Crenças Umbandistas". Tese de Doutoramento, Dep. de Antropologia da FFLCH/USP, SP, 1985.

Bibliografia Sobre Cultos Afro-brasileiros (1979-1990)

Livros

1. BASTOS, Abguar, *Os cultos Mágico-Religiosos no Brasil,* S. Paulo, Ed. Hucitec, 1979.
2. AUGRAS, Monique, *O Duplo e a Metamorfose — A Identidade Mítica em Comunidades Nagô,* Petrópolis, Ed. Vozes, 1983.
3. REHBEIN, Franziska C, *Candomblé e Salvação — A Salvação na Religião Nagô à Luz da Teologia Cristã.* S. Paulo, Ed. Loyola, Coleção Fé e Realidade 18, 1985.
4. CINTRA, Raimundo, *Candomblé e Umbanda — O Desafio Brasileiro,* S. Paulo, Ed. Paulinas, 1985.
5. FERRETI, Sérgio Figueiredo, *Querenbentan de Zomadonu — Etnografia da Casa das Minas.* São Luiz, Ed. da U.F. do Maranhão, Coleção Ciências Sociais. Série Antropologia, 1985.
6. DANTAS, Beatriz Góis, *Vovó Nagô e Papai Branco — Usos e Abusos da África no Brasil,* RJ, Ed. Graal, 1988.

Coletâneas

1. MARCONDES, Carlos Eugênio de (org.). *Olorisâ — Escritos sobre a Religião dos Orixás,* S. Paulo, Ed. Agora, 1981.
2. *Religião e Sociedade* n.° *9,* julho de 1982 (número temático sobre cultos Afro-Brasileiros).
3. MOURA, Carlos Eugênio Marcondes de (org.). *Bandeira de Alairá — **Outros Escritos Sobre a Religião dos Orixás,** S. Paulo, Ed. Nobel,* 1982.
4. MOURA, Carlos Eugênio Marcondes de (org.). *Candomblé — Desvendando Identidades,* S. Paulo, E.M.W. Editores, 1987.

228 RENATO ORTIZ

5. MOURA, Carlos Eugênio Marcontes de (org.). *Meu Sinal está no seu Corpo — Escritos sobre a Religião dos Orixás*, S. Paulo, EDICON— EDUSP, 1989.

Artigos

1. SILVERSTEIN, Leni H., "Mãe de Todo Mundo — Modos de Sobrevivência nas Comunidades de Candomblé da Bahia". *Religião e Sociedade* n.° 4, RJ, Ed. Civilização Brasileira, outubro de 1979.
2. DANTAS, Beatriz Góis, "A Organização Econômica de um Terreiro de Xangô", *Religião e Sociedade*, RJ, Ed. Civilização Brasileira, outubro de 1979.
3. MILAN, Betty, "Umbanda — Diabolavida" e "Umbanda — O Transe ou a Metanímia do Poder" in *Manhas do Poder — Umbanda, Asilo e Iniciação*, SP, Ed. Ática, 1979.
4. ORTIZ, Renato, "Do Sincretismo à Síntese", in *A Consciência Fragmentada. Ensaios de Cultura Popular e Religião*, Cap. V. RJ, Ed. Paz e Terra, 1980.
5. _____. "A morte e sua sombra" in José Souza Martins (org.). *A Morte e os Mortos na Sociedade Brasileira*, SP, Ed. Hucitec, 1983.
6. FRY, Peter. "Homossexualidade Masculina e Cultos Afro-Brasileiros", *Para Inglês ver — Identidade e Política na Cultura Brasileira*, Cap. III, RJ, Ed. Zahar, 1982.
7. NEGRÃO, Lísias Nogueira, "O Processo de Cura nos Cultos Afro-Brasileiros". *Ciências da Religião* 1, A Vida em Meio à Morte num País do Terceiro Mundo. S. Paulo, Ed. Paulinas, 1983.
8. BIRMAN, Patrícia, "Identidade Social e Homossexualismo no Candomblé". *Religião e Sociedade* 12/1. RJ, Ed. Campus Ltda., agosto de 1985.
9. GOLDMAN, Marcio, "A Construção Ritual da Pessoa no Candomblé". *Religião e Sociedade* 12/1, RJ, Ed. Campos Ltda. agosto de 1985.
10. FRY, Peter. "Gallus Africanus Est, ou, Como Roger Bastide se tornou Africano no Brasil", in *Revisitando a Terra de Contrastes: a Atualidade da Obra de Roger Bastide*. FFLCH/CERU, SP, 1986.
11. NEGRÃO, Lísias Nogueira. "Roger Bastide: do Candomblé à Umbanda" in: *Revisitando a Terra de Contrastes: a Atualidade da Obra de Roger Bastide*. FFLCH/CERU, SP, 1986.
12. MAGGIE, Yvonne. "O Medo do Feitiço". *Religião e Sociedade* 13/1, Ed. Vozes Ltda., março de 1986.
    — ORTIZ, Renato. "La matrifocalité religieuse", *Diogène* (Paris), n.° 105, 1979.
13. REIS, João José, "Nas Malhas do Poder Escravista: A invasão do Candomblé do Accú na Bahia, 1829". *Religião e Sociedade* 13/3, Ed. Vozes, Petrópolis, novembro de 1986.
14. VOGEL, Arno e outros, "A Moeda dos Orixás". *Religião e Sociedade* 14/2, ISER-CER, RJ, março de 1987.
15. CARVALHO, José Jorge, "A Força da Nostalgia. A concepção de Tempo dos Cultos Afro-brasileiros". *Religião e Sociedade* 14/2, ISER-CER, RJ, março de 1987.

BIBLIOGRAFIA 229

16. HENRY, Anaiza Vergolino, "A Semana Santa nos Terreiros: Um Estudo do Sincretismo Religioso em Belém do Pará". *Religião e Sociedade* 14/2, ISER-CER, RJ, 1987.

13. 17. SCHETTINI, Teresinha B., "A Mulher no Candomblé". In: *Religião, Política, Identidade* (Josildeth Gomes Consorte e Marcia Regina da Costa, orgs.). EDUC, Série Cadernos PUC, 1988.

Teses e dissertações

1. GIROTO, Ismael. "O Candomblé do Rei — Estudo Etnográfico de um Candomblé Ketu — Bamgbose, na Cidade de São Paulo". Dissertação de Mestrado, FFLCH/USP, Antropologia Social, São Paulo, 1980.
2. SENNA, Ronaldo de Salles. "Manifestação Religiosa na Chapada Diamantina". Tese de Doutoramento, FFLCH da USP, Área de Antropologia, SP, 1984.
3. BARRETO, Maria Amália Pereira. "A casa de Fanti-Ashanti em São Luiz do Maranhão". Tese de Doutoramento, UFRJ, Museu Nacional, Antropologia Social, RJ, 1987.
4. PRANDI, José Reginaldo. "Os Candomblés de São Paulo. Questões sobre a Socialidade da Metrópole Paulista Contemporânea num Estudo Sociológico do Crescimento de uma Religião de Deuses Tribais Africanos". Tese de Livre Docência, Departamento de Sociologia da FFLCH/USP, SP, 1989.

Sobre o autor

Renato Ortiz nasceu em Ribeirão Preto(SP) em 1947. Estudou na Escola Politécnica (USP) entre 1966 e 1969. Formou-se em Sociologia e Antropologia pela Universidade de Paris VIII e doutorou-se em Sociologia e Antropologia pela École des Hautes Études en Sciences Sociales. Foi professor da Universidade de Louvain (1974-1975), da UFMG (1977-1984) e do Programa de Pós-Graduação em Ciências Sociais da PUC-SP (1985-1988). Atualmente leciona no Departamento de Sociologia da UNICAMP. Foi pesquisador do Latin American Institute da Universidade de Columbia e do Kellog Institute da Universidade de Notre Dame, além de professor visitante da Escuela de Antropologia, no México.

Publicou vários artigos sobre religiosidade popular, cultura brasileira e cultura popular em diferentes revistas, entre elas: *Religião e Sociedade, Cadernos de Opinião, Cadernos do CERU, Archives des Sciences Sociales des Religions* e *Diogénes.* É autor dos livros *A Consciência Fragmentada (Paz* e Terra), *Pierre Bourdieu* (Ática), *Telenovela: História e Produção* (Brasilience), em co-autoria com José Mário Ortiz e Sílvia S. Borelli, *Cultura Brasileira e Identidade Nacional* (Brasiliense) e *A Moderna Tradição Brasileira* (Brasiliense).